일요일엔
뭐 하세요?

To.
_____

_____

_____

_____

From

일요일엔 뭐 하세요?

정 재 준 지음

해피굿모닝

정재준 장로의 **못** 말리는 가족전도 스토리

전도여정에 대한 나의 낮은 고백이
믿음의 가족들에게 작은 등불이 되어주기를 …

장년이 다 되도록 무언가 실체를 확인할 수 없는 갈증에 허덕여 온 것 같다. 그 허기를 채워야 온전한 어른으로 살 수 있으리라 여겼다. 유년부터 쌓여온 실체 모를 나의 결핍은 평범치 않았던 가정환경에서부터 시작되었을 것이다. 그래서 늘 사람 속에서 사람살이를 찾아내곤 했다. 이미 고인이 되셨지만 내 마음에 자리 잡고 계신 내 육친의 아버지에게 자랑스럽게 증명하고 싶어, 나는 젊은 날을 몹시도 고달프게 살았다.

유별난 사랑을 주셨던 아버지께서 12살 된 내 손을 부여잡고 숨을 거두시기 전 흘리신 굵은 눈물을 난 평생 잊을 수 없다. 그 눈물은 내가 헤쳐 나갈 인생살이를 그려보시면서 잘 살아줄 것을 부탁하고 응원하는 아버지의 간절한 메시지였을 것이다. 지금 돌이켜보면, 영화 〈국제시장〉의 주인공인 덕수 아버지의 모습이었을 것이다. 하여, 나는 가장의 책임을 내려놓을 수 없었다.

서른다섯의 나이에 하나님을 처음 만난 나는 이제 온 우주를 들이마셔도 해갈되지 않을 갈증을 달랠 수 있는 것은 오직 순종을 통해서만 가능하다는 것을 안다. 그래서 날마다 전도의 샘물을 긷는다. 그 전도여정에서 하나님은 나를 먼저 치유하시고 칭찬과 격려를 퍼 나르게 하셨다.

'또 무리에게 이르시되 아무든지 나를 따라 오려거든 자기를 부인하고 날마다 제 십자가를 지고 나를 좇을 것이니라.'(눅9:23)

전도의 궁극은 행복한 삶을 영위하는 데 있다. 인류 행복의 원천은 가정이다. 또 자녀의 미래는 행복한 가정에 달려있다 해도 과언이 아니다. 하나님은 내게 자녀를 통한 '온가족초청전도' 사역을 맡기시려고, 나로 하여금 유년시절의 결핍에서 오는 절실함을 알게 하셨다. 한때의 방종한 삶에서는 처절한 순종을 낳게 하시고 세파에 흔들리는 고달픈 가장들의 애환을 공감케 하는 마음을 부어 주셨다.

서로 배려하고 이해하며 용서하는 화목한 가정을 가꾸는 것이 하나님의 뜻임을 알았다. 매일 죽음과도 같은 잠에서 깨어 아침을 맞이하는 기적은 흔한 것 같지만 하나님의 선물이다. '그런즉 너희는 먼저 그의 나라와 그의 의를 구하라. 그리하면 이 모든 것을 너희에게 더 하시리라.'(마6:33) 말씀에 순종하여 삶의 초점을 정리했다. 삶의 주파수를 하나님께 맞춰 살아가는 나는 더 이상 내일을 근심하지 않는다. 다만 주님을 따라갈 뿐이다.

부족한 나의 전도여정에 대한 고백이 교회와 동역자 그리고 지인들에게 누가 되지 않기를 바란다. 다만, 믿음의 가족과 어둠의 터널을 지나고 있는 사람들, 배고픈 이들에게 작은 불빛이나마 되어 주기를 간절히 소망한다.

나의 전도사역을 격려해주며 기꺼이 동역해 주신 안산동산교회 장로님들과 믿음의 가족들, 나의 낮은 삶이 한 권의 책이 되기까지 옆에서 함께 해주신 봉은희 교수님, 이 책의 출간을 흔쾌히 허락해 주신 가나북스 대표님과 제작 전반에 아낌없이 수고하여 주신 편집부 식구들, 묵상 그림을 제공해주신 조미숙 전도사님께 머리숙여 감사드린다. 누구보다 나의 아내, 이영애 권사에게 깊이 고마운 마음 전하며 이 책을 바친다. 또한, 나의 영적 스승이신 김인중 목사님께 감사를 드립니다.

이야기 순서

contents

이야기
순서

contents

또 두 번째 이르시되 요한의 아들
시몬아 네가 나를 사랑하느냐
하시니 이르되 주님 그리하나이다
내가 주님을 사랑하는 줄
주님께서 아시나이다 이르시되
내 양을 치라 하시고 (요 21:16)

관계를 이어주는 접촉대화

:
:

part 01 일요일엔 뭐 하세요? I

"일요일엔 뭐 하십니까?"

이렇게 말하면 사람들은 별 망설임 없이 대답한다.

"아! 네, 우리는 바다를 보러 갈 예정입니다."

"저희는 아이 아빠가 집에 있는 것만 좋아해서요."

"웬 경조사가 그리 많은지. 영화 한 편 볼 시간도 없다니까요."

기회는 만드는 자의 것이다. 그것은 또 하나님께서 사람에게 주신 지혜의 복이다.

"그럼 저에게 10분만 시간을 내 주시겠습니까?"

"무슨 좋은 일이라도 있습니까?"

자연스런 응답을 이끌어내는 것은 복음적 관계를 맺는 연결고리다. 소소한 일상을 나누고 공유하는 것이야말로 사람과 사람사이의 보이지 않는 벽을 허무는 시작이다. 그 시작은 전적으로 성령님의 가르침이었다. 그리하여 이젠 나의 트레이드가 되어 버린 인사법 '일요일엔 뭐 하세요?'라는 질문은 전 가족 초청 전도 전략을 세우는 시발점이 되었다.

2010년 2월 28일 주일 아침에 한 부부가 자녀들과 함께 교회에 나왔다. 드디어 첫 전도의 감격을 누렸던 것이다. 주님을 영접한 후 25년 만에 맛보는 감격의 순간이었다. 나는 지금도 그 첫 날을 기억한다. 아마 내 생이 다하는 날까지 그 감격을 잊지 못할 것이다. 그 후 다른 이들도 가족과 함께 교회로 나오는 기적 같은 일이 계속 일어났다. 어떤 주일엔 넷이나 되는 가정이 한꺼번에 전도되어 나온 적도 있었다. 그 해 말, 그러니까 2010년 12월 19일 주일에는 한 해 동안 전도된 가정과 수십 명의 개인 새내기 성도들이 모여 예배를 드렸다. 성인 148명이 참석했으며, 자녀들은 교회학교 부서에서 따로 감사 예배를 드렸다. '일요일엔 뭐 하세요?'라는 인사말로 시작된 작은 기적의 결산잔치였다.

처음 전도를 시작할 땐 길이 보이지 않았었다. 탈무드에 '승자는 눈을 밟아 길을 만들지만, 패자는 눈이 녹기만을 기다린다.' 라는 말이 있다. 이 때까지 전 가족 초청 전도에 대한 사례가 없었기에, 눈을 밟듯 오직 성령님만 의지하며 길을 만들어 갔다. 그 여정에서 만난 한 사람 한 사람에게 집중해서 첫 열매를 맺게 되었다. 그 길을 따라 걸어갈 때 성령님께서 인도해주신 사람들을 보화로 여기며 나아갔다. 첫 가정 전도가 이루어진 그날 이후, 한낱 작은 인간인 나로서는 감당키 어려울 정도로 놀라운 기적이 계속 이어졌다.

전도에 불이 붙기 시작하자, 차츰 전도의 패러다임을 변화시켜 나갔다. 먼저 사람들과의 대화법부터 바꾸고 발전시켜 나갔다. 주로 교회 안에서 통용되는 언어들을 일상에서 사용하는 언어와 적절하게 혼용해서 사용했다. 성경이 말씀으로 이루어져 있듯이 쉽고 편한 대화법을 연마하기 시작했던 것이다. 그 안에서 나 자신이 예수님을 만나 변화되어가는 모습과 예수님을 만난 사람들이 늘 기쁨 속에서 살게 되었음을 먼저 소개했다. 그리고 교회와 목사님은 교회에 나온 후 자연스럽게 알아가게 했다.

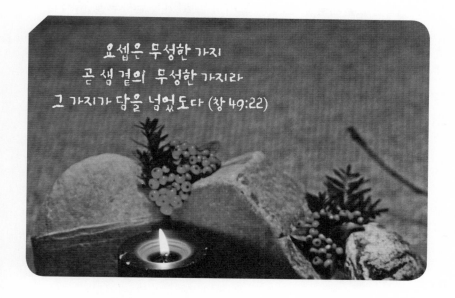

요셉은 무성한 가지
곧 샘 곁의 무성한 가지라
그 가지가 담을 넘었도다 (창 49:22)

일요일엔 part 뭐 하세요? Ⅱ **02**

번다했던 삶의 가지치기를 시작한 2010년 이후 여러 골프모임을 정리하기 시작했다. 하지만 모임을 통해서 형성된 관계도 귀한 인연이므로, 완전히 정리 할 수는 없었다. 가급적 필드에 나가는 횟수는 줄여나갔다. 그러던 어느 날 모처럼 기업인 골프모임에 나갔다. 그날도 새벽 기도 중에 오늘도 성령님께서 누군가를 붙여주시기를 구했다. 참석키로 한 회원이 모두 도착하자 같은 조에 편성된 동반자들과 인사를 나누었다. 일행 중에 처음 보는 얼굴이 있었다. 전자부품을 생산하는 한 기업체의 대표였다. 몇 홀을 돌면서 그와 간간이 대화를 나눴다. 그러다가 골프장 그늘집(필드 안의 쉼터)에서 함께 쉬게 되었다.

"대표님, 일요일엔 뭐 하십니까?"
"특별히 예정된 일은 없습니다."
"오늘 날씨 참 좋지요. 우연은 없다고 하는데, 오늘 저와의 만남은 특별한 만남으로 기억될 것입니다."
"어떻게 그리 확신하시나요?"
"제가 특별한 사명을 감당하고 있기 때문이지요."

"사명이요?"

"사람들을 천국열차에 승차시키는 사명입니다."

"아하, 특별한 사명이시네요. 혹시 그 티켓 저도 받을 수 있습니까?"

"물론이지요. 이 티켓은 공짜지만 소중하게 여기는 사람에게만 주는 선물입니다."

쉼터에서 나와 라운딩을 하면서 그와 계속 대화를 이어갔다. 내가 주님을 만나 살아오고 있는 이야기를 간간이 나누다 보니 마지막 홀이 나왔다.

"법무사님, 장로님이라고 하셨죠?"

"네."

"사실 저도 고등학교 시절엔 교회에 다녔습니다. 얼마 지나지 않아 그만 두었지만, 30년 가까운 세월을 보내면서 다시 교회에 나가야겠다고 생각을 했는데, 여태껏 나가지 못했습니다. 오늘 장로님과 대화를 하다 보니 제 마음에 어떤 울림이 왔습니다. 저를 부르시는 하나님 음성으로 들립니다. 제가 어떻게 해야 신앙생활을 할 수 있을까요?"

"형제님, 솔직하게 말해주셔서 감사합니다. 주님께서는 김00 대표님을 오랫동안 기다리고 계셨을 겁니다. 남은 인생을 멋지게 시작하실 수 있습니다. 주님께서 인도하실 겁니다. 이왕 믿음의 생활을 시작하기로 하셨으니, 화끈하게 내일 수요일부터 시작하십시다." "네, 좋아요. 생각해 보니 장로님을 만나게 된 것이 우연이 아닌 것 같습니다."

다음 날 사무실로 나온 김 대표의 손을 잡고 나는 바로 해당 교구로 향했다. 그곳에서 예배를 드리고 등록하도록 도왔다. 이 후 그는 술 담배를 끊겠다고 셀 가족들에게 선언했다. 사업상 술 접대를 하다 보니 자연스레 담배까지 피우게 되었었음을 고백했다. 셀(5~10명 이내의 지역모임)가족 구성원들이 함께 작정기도에 들어갔다. 그리 멀지 않은 날 술·담배를 끊었다는 간증을 들을 수 있었다. 거래처 사람들도 이해를 잘 해주었다고 간증했다. 그는 술과 담배 중독에서 벗어났고 꿋꿋하게 신앙생활을 하고 있다. 양육단계를 이수하고, 지금은 찬양대원으로 봉사하고 있다.

김 대표는 CBMC 복음단체에 나와 첫 걸음을 착실하게 내딛고 있다. 그 후, 내가 국제NGO단체 '굿파트너즈'를 섬기게 되자, 제일 먼저 달려와 기업후원 3구좌에 선뜻 서명했다.

part 03 "장로님은 뭐가 그리 좋으세요?"

법무사로 일하고 있는 나는 일상에서 비교적 다양한 분야에 종사하는 사람들을 만난다. 그런데도 만나는 사람들마다 거의 비슷한 인사말을 내게 건넨다.

"법무사님은 날마다 뭐가 그리 좋으세요?"

"표정도 밝고 얼굴에 주름살 하나도 없네요? 몇 년 전이나 다름없으세요."

"장로님을 만나면 이상하게 기분이 좋아집니다."

나는 그때마다 똑같은 대답을 한다.

"35세 때 만난 그분에게서 날마다 환희를 선물받기 때문이지요."

자연스러운 대화는 복음을 전하기 위한 준비 작업이다. 새벽에 눈을 뜨면 우리 부부는 '해피 굿모닝'하고 인사한다. 새벽에 베란다 기도실에서 나오면 아내와 손잡고 교회에 다녀온다. 출근길 엘리베이터를 기다리면서 아내는 내 어깨를 두드려 주고 신뢰와 존경을 담은 눈길을 보낸다. 우리 부부의 이런 모습을 늘 보아온 이웃들에겐 익숙한 풍경이지만, 새로 이사 온 사람들은 우리를 신기하게 쳐다본다.

"혹시 재혼하셨어요?"

"어쩜 매일 그렇게 다정하게 사세요?"

오전에 사무실로 걸려오는 전화를 받을 때에도 나는 늘 똑같은 인사말로 시작한다.

"해피 굿모닝! 전화 주셔서 감사합니다. 지금이 오전이지요? 해피 굿모닝으로 다시 인사 나누고 본론으로 들어갑시다. 해피 굿모닝!"

2009년부터 시작한 인사말이다. 우리 부부가 아니 현재의 내가 지금처럼 당당하게 살아갈 수 있게 된 비결은 이웃과 복음을 나누기 시작하면서 부터이다.

내가 만나는 사람들 대다수는 기업인이나 금융인들이다. 실질적 관계는 '갑'과 '을' 관계라고 할 수 있다. 믿음의 가족으로 볼 때나 이웃으로 대할 때는 대등한 관계지만, 직업상의 관계로 따지자면 나는 '을'이다. 그들이 의뢰한 일을 처리해줘야 하는 한시적 고용인인 것이다. '갑'질이 만연하는 사회에서 '을'의 입장인 내가 주님의 말씀을 전하기에는 다소 불리한 입장이라고 변명 아닌 변명을 할 수도 있을 것이다. 하긴 나도 과거 한 때는 입장 탓이나 하면서 20여 년 동안 한 사람도 전도하지 못했다. 아니 전도에 대해 관심조차 두지 않았었다. 1년에 휴일을 제외한 200일 동안 하루에 한 명씩 만 복음을 나누었어도, 4천 명 이상의 사람들에게 복음을 뿌렸을 세월이었다. 하나님께 의지하지 않고 나의 고집을 앞세우다가 기회를 살리지 못했던 장님과 같은 세월이었다.

2008년 가을 한 줄기 빛으로 임한 '나를 따라 오너라. 내가 너희를 사람 낚는 어부가 되게 하리라'는 말씀(마4:19)에 순종키로 결단하면서 내 생각이 변화되었다. '생각의 변화'는 곧 '태도의 변화'를 가져왔다.(롬12:2) 쉰여덟 살 이후의 삶이 사람을 낚는 어부의 삶으로 바뀌었던 것이다. 그리하여 2009년 1월부터 하나의 목표를 세우고 삶을 한 방향에 매진키로 했다. '예수 없는 인생 꽝이고, 예수 만난 인생 대박'임을 깨달았기에, 전도를 모든 일의 우선순위에 두기로 했던 것이다. 하나님의 사랑이 십자가로 확증되었듯이, 내가 이웃에게 줄 수 있는 최고의 선물도 이웃 구원임을 확실히 알게 되었다.

고린도전서 13장 '내가 인간의 여러 언어와 천사의 언어로 말한다하여도 나에게 사랑이 없으면'의 '사랑'이란 단어 대신 '전도'를 대입하여보니, 전도의 의미를 짚어 보는데 딱 좋은 말씀으로 해석이 되었다.

전도를 본격적으로 시작한 처음 1년 동안은 사소한 일에도 만남을 통해 거듭 친밀감을 쌓아가며 짬짬이 교회에 나오도록 권유했다. 그런데 내가 알고 있는 상식을 동원해 교회와 목사님을 자랑하며 권유했지만, 2009년 한 해 동안 한 사람도 나의 전도를 받아들인 사람은 없었다. 하다못해 예의상이라도 나를 따라 교회에 나오겠다는 사람조차 없었다. 돌이켜 생각건대, 자만심에 차서 '내가 권하니 와 보라' 정도의 공허한 외침이었던 것이다. 그 자만의 터널을 벗어난 후, 매일 같이 듣게 된 "장로님은 뭐가 그리 좋으세요?"라는 말 때문에 나는 자다가도 비시시 웃곤 한다.

오늘도 part '해피 굿모닝' 04

어느 날 새벽, 교회에 가기 위해 집을 나섰다. 경비아저씨가 아파트 주변을 순찰하고 있었다.

"해피 굿모닝입니다."

마침, 새벽운동을 하고 돌아오던 주민이 나의 목소리에 놀랐는지, 나를 보며 웃었다.

"해피 굿모닝입니다."

"아 예, 해피 굿모닝입니다."

아파트에서 한 두 번이라도 나와 마주쳤던 사람들에겐 이미 익숙한 인사말이 되어버린 해피 굿모닝이다. 몇 발 앞서 가던 사람에게도 인사를 건넸다.

"해피 굿모닝입니다."

"예? 야, 해피야, 인사 받아라."

강아지와 산책하던 그 사람은 강아지 목줄을 흔들며 인사를 받았다. 못마땅한 것도 아니고 그렇다고 반색하는 것도 아닌 애매한 표정이다. 나는 아내를 쳐다보며 웃었다.

"여보, 이 말이 강아지에게도 먹히는 인사였군요."

"이번엔 당신 목소리 값도 못 건진 거네요, 정재준 씨."

"해피라도 해피하면 된 거 아니요?"

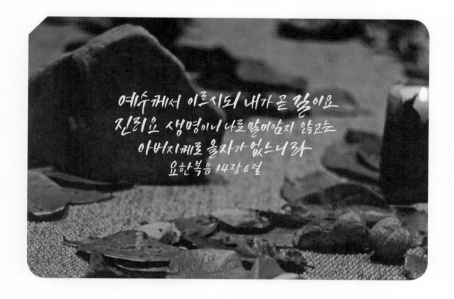

예수께서 이르시되 내가 곧 길이요
진리요 생명이니 나로 말미암지 않고는
아버지께로 올자가 없느니라
요한복음 14장 6절

생명을 구한 '샬롬'

'해피 굿모닝' 못지않은 저녁 인사말이 없을까 궁리하기 시작했다. '안녕하세요?'라는 익숙하고 멋진 우리말이 있지만, 사람들의 이목을 끌지 못하는 것이 마음에 걸렸다. 그래서 여러 나라의 인사말을 찾아보던 중에 귀에 들어온 말이 '샬롬'이었다. '샬롬!'하고 인사하면 대부분의 사람들이 샬롬이 무슨 뜻이냐며 되물었다. 이거야말로 내가 고대하던 대화의 시작이다. '샬롬'은 히브리어로 평화를 의미하는 말로, 히브리인의 일반적인 인사 중 하나다. 스스럼없는 관계의 시작은 영적 대화를 해 갈 수 있는 실마리가 될 수 있다. '샬롬'이라는 인사말을 사용한지 한참이 지난 어느 날 오후 금형기업을 운영하는 박 대표에게서 전화가 걸려왔다.

"저어, 법무사님께서 나를 볼 때 마다 '살 놈, 살 놈' 이라고 해서 제가 살았습니다."

"어? 그게 무슨 말씀이지요?"

"실은 제가 얼마 전에 부도가 나서 죽을 생각까지 했었는데, 버티고 살아가다보니 재기 할 수 있게 되었습니다. 제가 너무 힘든 나머지 잘못된 생각을 품고 모든 걸 체념한 채 법무사님께 법률상담을 받기 위해 찾아갔을 때, '살놈'이라고 하시던 인사말이 생각나서 다시 살아보기로 결심했습니다."

한바탕 웃고 난 뒤, 나는 그의 거주지에서 가까운 거리에 있는 교회를 안내해 주었다.

"여보, 글쎄 '샬롬'이라는 내 저녁 인사말이 사람을 살렸다지 뭐요."

"할렐루야!"

이혼 소장은 왜 안 써주세요?

내 사무실은 5층에 있다. 그런데 감사하게도 나를 찾아오는 사람은 매일 끊이지 않는다. 내방객들 대부분은 나의 이력을 알고 오는 경우가 많다. 또 사무실이 친절하다는 입소문이 났는지, 먼저 다녀간 사람들의 소개로 오는 경우도 많았다.

우리 직원들은 부동산 등기 업무 처리만으로도 눈 코 뜰 새가 없다. 나는 기업체 업무와 각종 소송업무를 상담한다. 법무사 상담은 진료와 같다. 잘못된 정보를 주면 그것을 믿는 상담자가 낭패를 당할 수도 있기 때문이다. 그러기에 무료 상담도 책임감을 무겁게 가져야 한다. 사건의 추이가 불확실한 경우에는 변호사나 전문가들에게도 반드시 상담 받아보라고 권한다.

안산은 기업도시라서 젊은 근로자가 많다. 전국에서 출산율이 높고 이혼율 또한 높은 지역이다. 그래서인지 이혼소송을 상담하기 위해 내방하거나 전화로 문의하는 사람이 적지 않다. 전화로 이혼상담을 하고자 하는 경우, 나는 어떻게든 그 고객을 사무실로 나오게 한다. 되도록 이혼에 대한 생각을 돌려보기 위함이다. 그러나 이미 소송까지 결심하고 이혼하려는 사람들을 짧은 시간동안 설득하는 것은 역부족인 때가 많다. 바위에 계란을 던지는 격이다. 그래도 이혼상담은 늘 만사 제쳐놓고 하고 있다.

이혼 부부들 중에는 위장이혼을 하는 경우가 종종 있다. 채무 때문에 부부가 거짓으로 이혼에 합의를 하는 것이다. 나는 이런 경우 오랜 시간을 할애하며 상담을 진행한다. 부부가 함께 옥살이 하는 것을 감수하고라도 가정의 해체를 작정하면 안 되기 때문이다. 위장이혼 결정으로 인해 진짜 이혼이 될 수 있음을 간곡하게 설명한다. 요즘엔 이혼 사유도 다양하다. 배우자의 부정과 폭력 외에도 배우자의 도박, 경제적 무능력, 시부모와의 갈등이 상당수를 차지한다. 가장 모호한 경우가 성격차이를 호소할 때다. 나는 소송을 불사하고라도 이혼하고자 열을 올리는 사람의 이야기를 가능한 많이 들어준다. 신나게 맞장구 쳐주다가 슬그머니 '그럼에도 불구하고' 이혼은 하지 말아야 하는 이유를 말해준다.

"정말 이혼 서류는 안 써주실 건가요?"
"네, 이렇게 설득하는 나도 한 때 당신 남편 못지않은 나쁜 남자였습니다. 나쁜 짓도 많이 하고 아내 가슴에 못질한 못된 사람이었습니다. 그런데 아내가 참아주고 기다려줘서 이렇게 새로운 인생을 살고 있습니다. 시간을 좀 더 가져 보세요."

이혼상담을 하러 오는 사람들에게 남녀를 불문하고 내 아내에게 속죄하듯 설득하고 또 설득한다. 좀 더 이해하고 기다려 주라고.

여보, 하늘이 빙빙 돌아요

어느 날 눈을 뜨니 온 우주가 빙빙 도는 것 같았다.

"여보 하늘이 쏟아지는 것 같아요. 왜 이러지?"

잠시 후 그 증상은 없어졌다. 하지만 온몸에 힘이 빠지고 아무런 의욕도 없는 무기력한 상태가 되었다. 자리에서 일어나면 한참 지나서야 정신이 안정되었다. 병원에서 검사를 받았다. 진단결과 달팽이관 이상 증세라며 처방을 해주었다. 약은 별로 효험이 없었다. 당시에 나는 수면부족인 날이 많았다. 새벽기도에 다녀와서 VIP분들께 편지를 쓰고 업무에 더 신경쓰다보니 늘 잠이 모자랐다. 목사님께 찾아가 자초지종을 이야기했다. 안수기도를 받고 '아멘' 하고 방을 나서는 순간 거짓말처럼 치유가 되었다. 지금까지 한 번도 재발하지 않았다.

사람의 습관은 고쳐보려 해도 재발하게 마련이다. 더구나 오락이나 레저에 대한 유혹은 쉬이 떨칠 수가 없다. 필드에 나가는 것을 자제해야겠다고 작정했을 때였다. 굳게 작정했건만 얼마 지나지 않아 눈만 감으면 골프공이 다시 아른거렸다.

"왜 이리 정신이 혼미한 걸까?"

나 자신을 향해 선포기도를 했다. 그래도 증상이 사라지지 않았다.

아내가 한 마디 했다.

"여보, 안수기도 받으세요."

처음엔 내키지 않았다. 문제가 있을 때마다 목사님께 말씀드리는 것도 자존심 상했다. 시간이 지나면서 아내의 조언이 성령님의 음성일 수도 있다는 생각이 들었다. 목사님을 찾아뵙고 기도를 받았다. 기도를 받고나자, 내 머릿속에서 골프공이 사라졌다. 그 때부터 내 뇌 속에서 골프에 대한 모든 잔상과 미련은 완전히 사라지게 되었다.

　나는 근무시간 중 삼분의 이 정도만 사무실에서 업무를 본다. 그 외의 시간은 공단, 은행, 관공서 방문과 같은 외근 일정에 할애한다. 공단의 기업체를 방문할 땐 사전에 약속을 잡아야 한다. 기업체 대표들과의 관계도 각양각색이다. 어떤 이들은 그저 안면만 있는 사람도 있으며, 지속적인 거래관계로 맺어진 경우도 있다. 그들과 법무사일로 연결되었을 경우, 나는 언제나 '을'의 입장이다. 더구나 '갑'인 고객은 나와의 특별한 경우를 제외하고 언제든 다른 법무사를 이용할 수가 있다. 우리 고객은 공을 많이 들여도 때론 잡아두기 어려운, 아주 자유로운 갑인 것이다. 이런 입장인 내가 한 때 무모한 만용을 부린 적이 있다.

　"박 사장님, 죽음에 대해서 생각해 보셨습니까? 천국과 지옥은 있다고 생각되십니까?"
　"김 선생님, 하나님을 믿으세요. 저와 같이 교회에 갑시다."
　2009년까지의 내 전도 행태다.
　"그런 소리 하시려거든 그만 만납시다."
　"교회 이야기 하지 마쇼. 옆 공장 사장이 교회 장로인데, 밥맛 떨어

집다. 이웃 간에 서로 협의하면 좋을 사안도 골탕 먹이는 사람이 교
인이더이다."

사람들의 반응도 가지각색이었다. 혹자는 교회 다니는 사람은 무조
건 양보해야 되는 것처럼 말하는 이도 있었다. 또 어떤 사람은 교인하
고 거래를 했는데 핑계만 대고 결재를 안 해 준다는 둥, 술 마시고 못
된 짓은 교인이 더 한다는 둥… 이런 저런 불평을 퍼부었다. 교회 장로
인 형님에게 모질게 당했다는 사람, 형수가 권사인데 집안 애경사에는
얼굴도 내밀지 않는다며, "며느리더러 명절 때는 느지막이 갔다가 겨
우 얼굴만 내밀고 곧바로 가버리라고 가르치는 곳이 교회냐?"고 따지
는 사람도 있었다.

"요즘 교회 돌아가는 것을 보니 회사 같더라고요. 장로님은 월급 얼
마나 받아요? 서민층은 늘어만 가는데, 목사라는 사람은 부동산 사들
이고 대형 고급차나 타고 다니고. 교회는 정말 잘나가는 기업체 같아
요. 어찌 보면 교회는 세습 왕국이잖아요? 나도 어릴 적에 친구 따라
나갔지만, 그런 교회 이젠 절대 안 나갑니다."

전도의 사명을 받아들이지 않고 법무사 사무실 운영에 전념하던 때
는 못 들어본 소리를 많이 들을 수 있었다. 심지어 '기독교'라는 소리
음을 빗대어 개독(dog)교 라며 독설을 쏟아내는 사람들도 있었다. 사람
들의 날선 비판이나 냉대가 다 옳은 것은 아니었으나, 하나님의 말씀
으로 사는 사람들의 태도에도 문제가 있는 것이 사실이다. 그리고 전

도자가 잘못 전하고 있거나 삶으로 진실함을 보여주지 못하고 있는데서 오는 경우도 있다. 또한 사탄의 강한 저항이기도 함을 느꼈다.

개중에는 '제가 나중에 알아서 나갈게요.' '일이 잘 풀리면 나가지요.' 하는 사람도 간혹 있었다. 참아내기 어려운 독설을 듣던 끝에 그렇게라도 말해주는 사람들을 만나면, 차라리 고맙기 이를 데가 없었다. 그들의 반응 속에서 아내가 믿음생활을 하자고 권고할 때마다 교회의 부정적인 사례를 들먹이며 저항했던 젊은 날의 내 모습이 떠올랐다. 그래서 충분히 이해가 되었다. 모진 반응으로 인해 깊은 좌절감을 갖지 않으려 전략적 계획을 짜는 일에 매달렸다. 그래도 심하게 부정적인 반응을 보였던 사람을 다시 만나려니 어깨가 움츠러들었다. 왠지 서먹하고 그 사람도 나를 경계하는 것 같았다. 복음은 지속적으로 흘러가야 하는데, 그 통로가 차단되는 느낌이 들었다. 뿐만아니라 거래관계에 있던 회사에서 나와 업무거래를 중단하겠다는 전화가 몇 군데서 왔다는 직원들의 보고를 듣기도 했다.

새벽마다 이 문제를 푸는 지혜를 얻기 위해 집중적으로 기도했다. 기도 중에 일터가 하나님께서 복음을 나누는 일에 사용하라고 주신 사업장이라는 생각이 점점 굳어졌다. 그러고 보니 주인은 내가 아니었던 것이다. 전능하신 아버지가 주인이고 나는 관리자였는데, 지금까지 머슴이 주인노릇을 했다는 생각이 들었다. 그래서 타성에 젖어있던 관리자의 폐습을 고쳐나가기 시작했다. 법과 직업윤리를 지키지도 못하는 사람이 어떻게 전도를 한단 말인가? 또한 그런 상태로 전도하는 것이 무슨 의미가 있겠는가? 나는 직원들의 복리후생에 관한 의견부터 수용키로 했다. 사무실경영 또한 직원들과 협의한 내용들을 토대로 해나가기로 했다.

1. 상담은 내가 직접 한다.
2. 사건을 기록부에 빠짐없이 기록한다.
3. 친절을 우선으로 한다.
4. 비용을 과다 청구하지 않는다.
5. 사건처리 내용은 고객에게 세세하게 고지해 준다.

일과 관련된 지침을 정하고 업무를 단순화 시키는 한편, 한 분 한 분의 고객을 하나님께서 보내주신 사람으로 여기며 진심을 다했다. 상담에 대한 소문이 났는지 차츰 무료상담 건수가 늘어갔다. 하루는 무료 고객에게 세 시간이 넘도록 문제점들을 정리해 주었다. 처지가 어려워 보이는 그 사람은 이곳저곳을 돌아다녔지만 돈이 없다는 이유로 문전 박대를 당했다고 했다. 기실 과거의 나였다면, 역시 나도 적당한 핑계를 대고 돌려보냈을 것이다.

그런데 주님이 보내주신 분이라고 생각하니, 최선을 다해 들어주지 못할 이유가 없었다. 그 사람이 의뢰한 일이 진행되는 동안 소송에 대한 상담을 원하는 서넛의 고객이 찾아왔다. 사연을 들어보니 어느 사무실에서나 환대받을 만한 사건이었다. 그래서 같은 빌딩에 있는 타 법무사 사무실에 연결해 주었다. 그 후 한 달이 채 가기 전에 내가 법무사 사무실을 개소한 이래 가장 큰 수임료를 보장받을 수 있는 사건을 맡게 되었다. 뿐만 아니라 예상치 못했던 각종 사건 의뢰가 봇물을 이뤘다.

공생도 part
전도사역이다 09

의뢰인들 대부분은 신속을 요구한다. 업무처리는 신속 못지않게 정확성이 전제 돼야 한다. 섬세한 주의와 집중이 요구되는 직업이 법무사다. 그런 특성 때문에 밤늦은 시간까지 일하는 날이 빈번했다. 그러던 어느 날, 일에 파묻혀 사는 것도 문제라는 생각이 들었다. 새벽기도 중에 '좌로나 우로나 치우치지 말라'는 말씀(수1:7)이 들려왔다. 그 후로 적정 근무시간 안에 감당할 정도의 업무만 수임하기로 했다. 무슨 일이든 시작하면 브레이크가 없는 듯 질주해 나가던 발걸음을 느릿느릿 안단테 리듬에 맞춰 나갔다.

천천히 주위를 돌아볼 여력이 생기자, 작지만 결코 작지 않은, 소중하고 따뜻한 것들을 무수히 놓치고 살았다는 것을 알게 되었다. 우선 직업적으로 연결된 이웃 동료 법무사를 생각해 보았다. 이전엔 그 분들을 사랑해야 할 이웃이라고는 생각하지 못했다. 늘 경쟁상대로만 바라봤던 것이다. 그 분들과 좋은 관계를 이루기 위한 사랑의 언어가 무엇일까 고민했다.

그 당시에는 법률사무소마다 회생과 파산 업무를 취급하기 위해 경쟁적으로 광고를 내고 있었다. 나는 의뢰해 오는 경매, 회생 및 파산 업무를 취급하지 않고, 다른 사무실로 몽땅 인계해 주기로 결정했다. 그 외에 상속포기와 가압류 사건과 같은 복잡하지 않으면서도 사무실 경영에 도움이 될 만한 사건들도 동료 법무사들에게 연결해 주었다.

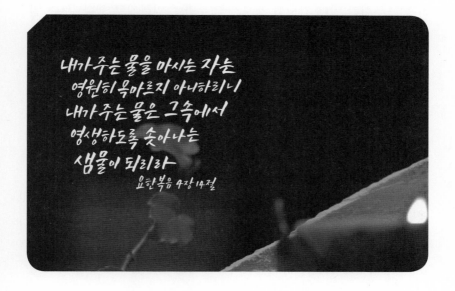

내가 주는 물을 마시는 자는
영원히 목마르지 아니하리니
내가 주는 물은 그 속에서
영생하도록 솟아나는
샘물이 되리라
요한복음 4장 14절

돌아오지 않는 날들

∴

part 01 그 해 봄날은

　내가 12세 되던 가을, 아버지가 돌아 가셨다. 추석 3일 전 일이었다. 갑자기 뇌출혈로 쓰러진 아버지는 다시 일어나지 못하고 다음 날 가족들 곁을 영영 떠나셨다. 전남 영광군 군남면소재지에서 살던 우리 가족은 다소 부유한 생활을 누렸다. 아버지가 하시던 양곡창고 사업이 제법 잘 운영되었던 덕분이었다.

　아버지의 상을 치른 후 우리 집안일을 거드시던 집안 형님이 아버지의 사업을 정리했다. 그런데 어찌된 영문인지 채무만 수두룩하고 채권은 하나도 없었다. 모든 것을 정리하고 나니, 우리집안에 남은 재산이라곤 덜렁 살고 있던 집 한 채 뿐이었다. 그 때 나는 겨우 초등학교 5학년생이었다. 셋째 누님은 중학교에 다니고 있었다. 위의 두 누님은 이미 출가하여 일가를 이뤘다. 하지만 두 분 모두 넉넉지 못한 살림을 살았던 것 같다. 또 너무 멀리 떨어져 살고 있던 터라, 아버지가 돌아 가신 후에도 친정집에 자주 오지 못했다. 집에는 여덟 살 남동생과 나, 그리고 네 살배기 여동생과 세상물정에 어둡던 어머니만 덩그러니 남게 되었다. 네 사람 모두 어린아이나 다름없었다. 부족한 것 없이 살던 집안이 졸지에 입에 풀칠하기도 어려운 지경이 되자, 한 창 꿈에 부풀어 있던 중학생 셋 째 누님은 벌써 입주 가사도우미가 되어 있었다.

아버지가 돌아가시고 일 년이 지날 무렵, 어머니는 집을 팔았다. 그리고는 외가 동네인 군서면 소재지로 이사했다. 군남면에서 4킬로미터 쯤 떨어진 곳이었다. 우리가 살았던 군남면의 집 뒤 편에는 강처럼 너른 하천이 있었다. 담장엔 사철 푸른 탱자나무 울타리가 있는 제법 큰 가옥이 우리 집이었다. 그런데 새로 이사한 집은 일반 가정집이 아니었다. 동리에서 마을 회관으로 사용하던 집이라서 다소 횅한 느낌이 들었다.

젊은 나이에 과부가 되신 어머니는 아마 의지처가 필요했던 것 같다. 그래서 집을 줄여 친정 동네로 이사하고 나머지 돈으로 살길을 마련하고자 했을 것이다. 어머니는 집을 사고 남은 얼마간의 돈을 친척에게 빌려주었다. 그러나 그 돈을 한 푼도 돌려받지 못하게 되자, 집안 살림은 더욱 어려워졌다. 어느 날 외가의 어른 한 분이 서류봉투를 들고 오셨다.

"재준이 이리 와 보거라."
"네."
"너 올해 초등학교 졸업하지?"
"네."
"네가 아직 어리지만 짐작은 할게다. 학교 월사금은 고사하고 세끼

밥 먹기도 어려워졌으니, 동생이랑 둘이 고아원에 잠시 들어 가있는 건 어떠냐? 이 추천서류 가지고 가서 등록하면 아마 밥도 배불리 먹여주고 중학교 공부도 공짜로 시켜 줄게다."

초등학교 졸업식을 마친 후, 열 살배기 남동생과 나는 산골에 있는 고아원에 보내졌다. 그 곳에 가자마자 동생은 시름시름 앓았다. 그래서 동생은 이내 집으로 돌려보내졌다. 나는 공부를 계속 할 수 있다는 말을 믿고 버티기로 했다. 그러나 끼니마다 꽁 보리죽에 무 한 조각을 반찬으로 먹는 것은 참을 수 있어도 공부할 시간에 낮을 쥐어주고 산으로 나무하러 보내는 고아원에는 더 이상 있고 싶은 생각이 없었다. 어느 날 밤, 나는 야반도주를 감행했다. 그리곤 6km나 되는 산길을 한밤중에 걷고 걸어서 집으로 돌아왔다.

그 날 이후, 나에게는 어머니와 두 동생의 생계를 책임져야 하는 현실이 놓여 있었다. 도적질 하지 않고 정직하게 돈을 벌어서 네 명의 식구들이 살아갈 생각을 하니, 처음엔 두렵고 막막하게 느껴졌다.
"설마, 산 입에 거미 줄 치려고."
옛 말을 곱씹어 보며 살길을 찾았다. 어린 나이였지만, 누구에게도 나의 궁핍을 의논할 사람이 없었다. 아버지가 살아계실 땐 집안에 손님이 오면 항상 나를 옆에 앉히고 이야기를 나누셨다. 마실 오신 어른들이나 사업차 들른 사람들과 말씀을 나눌 때도 나를 남자로 대우 하셨다. 초등학생이던 그 시절, 나는 꽤 공부를 잘하는 편이었다. 다른 반 선생님들이 우리 반 교실로 와서 '네가 공부 잘한다는 그 재준이구나.'라며 머리를 쓰다듬어 주신 적도 여러 번 있었다. 어떤 선생님은 광주시내에 있는 명문 '서중학교'에 갈 수 있는 인물이 이 시골학교에서 나오겠다는 말씀도 해주셨다. 그 때까지 내가 살던 곳에서는 광주 서중학교에 진학한 학생이 한 명도 없었다. 그런 인정과 사랑을 받아온 나는 스스로를 비관하거나 좌절하지 않고 장남으로서의 책임을 다해야 한다는 마음을 갖고 소년시절을 지냈다. 고아원을 전전하게 했던 환경에 대해서도 불평하거나 원망하지 않았다. 그 때부터 소년 가장의 여정은 시작되었다.

얼마 후, 나는 영광읍에 있는 식당에서 두 달간 일한 급여를 받았다. 얼마인지 기억은 희미하지만, 마침 여름철이어서 그 돈으로 아이스께끼 장사를 시작했다. 어깨에 무거운 아이스께끼 통을 메고 장사를 시작한지 한 달여 만에 300원을 손에 쥐게 되었다. 나는 그 돈을 들고 발품 팔며 아이스께끼 장사할 때 눈여겨 봐 둔 과자 도매점에 갔다. 1원에 팔 수 있는 젤리가 300개나 들어있는 젤리 두 봉지를 들고 집으로 돌아왔다. 집이 면 소재지 초등학교 앞에 있던 터라, 젤리는 순식간에 팔렸다. 다음 날 새벽, 일찍 일어나 두 배로 불어난 600원을 들고 영광읍내 도매점을 향해 걸어갔다.

젤리 두 봉지로 시작한 구멍가게에 차츰 물건이 늘었다. 학용품도 늘고 물건을 진열할 수 있는 선반도 만들어서 점점 점방의 꼴을 갖추어 갔다. 그 때 나는 거의 매일 영광 읍내를 오갔다. 돈이 궁해 많은 물건을 쌓아놓을 수 없었던지라, 물건이 떨어지기 무섭게 물건을 채우려고 새벽에 일어나서 5km 거리를 걸어갔다가 다시 5km를 걸어서 돌아왔다. 등교하기 전에 점방에 들르는 꼬맹이 단골손님을 놓치지 않으려면, 부지런히 발품을 팔아야 했던 것이다.

다음 해, 봄이 왔다. 초등학교에 다닐 때 등, 하교 시간에도 책을 들고 다니며 공부하던 우등생 아이가 15세 소년가장이 되어버린 봄이었다. 집 앞 초등학교 아이들이 봄 소풍을 간다는 정보를 듣고 서둘러 헌 사과 궤짝을 구해왔다. 나무 궤짝에 물건을 꽉꽉 채워 어깨에 메고 6km밖 불갑 저수지로 소풍가는 아이들 뒤를 따라 나섰다. 저수지에 도착하니 넓은 저수지 주변에 벚꽃이 만개해 있었다. 은은한 벚 꽃잎이 하늘을 뒤 덮을 듯 흩날리는 것이 마치 무릉도원 같았다. 화사하게 차려입고 아무 걱정 없다는 듯 거니는 상춘객들로 인해 유원지는 북적였다. 단체로 소풍 온 학생들도 많았다. 그 솜사탕 같이 푸근하고 한가로운 풍경을 보면서도, 나는 봄날을 즐기지 못하고 그 곳에서 장사를 하면 좋겠다는 생각을 하며 주위를 휘휘 둘러봤다.

집에 돌아오는 길에 외가에 들러 짐을 많이 실을 수 있는 자전거를 빌려 왔다. 그리고는 자전거에 의지해서 벌여놓을 만한 좌판을 마련했다. 처음 장사를 시작했을 때 도매점 문이 열리지도 않은 이른 시간에 몇 푼 안 되는 돈을 들고 문을 두드려대는 나를 이상하게 쳐다보던 사장님은 내 사정을 아시고는, " 24시간 언제든지 문을 두드리라."고 응원해 주셨다. 새벽부터 저수지로 가야 했기 때문에, 그 날은 저녁에 물건을 사러 갔다.

"뭔 바람이 불어 이 저녁에 온 거냐?"

"벚꽃이 지기 전에 불갑 저수지에서 장사 좀 해보려고요."

"어허. 나중에 뭐가 될지 정말 궁금한 놈이라니까."

다음 날부터 불갑 저수지를 향해 페달을 밟았다. 저수지변에 벌여 놓은 좌판에선 그럭저럭 물건이 잘 팔렸다. 그곳에서 좌판을 벌인지 며칠이 지나지 않은 어느 날이었다. 교복을 입은 한 떼의 남 여   학생들이 내 옆을 지나가다가 멈춰 섰다. '쟤, 재준이 같은데?'라는 소리에 고개를 돌려보니, 이사 오기 전에 군남면에서 함께 초등학교에 다니던 친구들이 나를 쳐다보고 있었다.

"어? 진짜 재준이 아냐?"

"어어. 응."

"어머! 너 여기서 이런 장사 해?"

"야, 누가 짐을 지고 초등학생들 뒤를 따라가는 게, 너 같다는 말을 했었는데, 정말이네."

"그 그러냐?"

"너 중학교 안 다녀? 너 네 집진짜 망한 거였어?"

그 즈음 나는 매일 가게에 물건이 늘어가는 것에 취해 있었다. 어머니가 쌀걱정을 하지 않는 것이 더 없이 좋았다. 동생들이 몰래 과자를 집어다 먹는 것도 기뻤다. 초등학교에 다닐 적에 한 번도 학급 반장이나 회장을 놓친 적이 없던 우등생이라는 자긍심도 있었다. 언젠가는 못 다한 학업을 이어가리라는 희망도 품고 있었기에, 불행하다고 여기진 않았다. 그런데 유원지에 초라한 좌판을 벌여놓고 서서 느닷없이 교복을 입은 동창들과 마주쳤을 때는 쥐구멍이라도 들어가고 싶었다. 세상이 빙빙 도는 현기증이 났다. 나를 빤히 바라보는 여학생들을 피한 시선은 어디에 두어야 할지, 지금 내가 무슨 말을 하고 있는 건지 얼굴이 달아오르고 정신이 아득했다. 벚꽃이 눈처럼 흩날리는 유원지가 원망스러웠다. '나는 어쩌자고 여기서 이 초라한 노점상을 벌이고 있었단 말인가.' 동창들이 가고 나자 참았던 눈물이 쏟아졌다. 가슴에서 북받쳐 올라온 설움덩이에 목이 메여 소리도 내지 못하고 하염없이 눈물만 쏟았다. 그 와중에도 친구들이 입고 있던 눈부시게 파란 교복이 눈물 너머로 어른거렸다.

그 날 나는 아버지가 돌아가셨을 때 보다 더 많이 울었다. 집으로 돌아오는 시간도 다른 날보다 오래 걸렸다. 다리에 힘이 풀려서 자전거 페달을 밟을 수가 없었다. 어디에 그렇게 많은 눈물이 숨어있었는지, 6km가 넘는 길을 걸어오는 내내 눈물이 끝도 없이 흘렀다. 울적 할 때면 자주 바라보던 밤하늘의 별을 올려다 볼 힘도 없었다.

벚꽃이 유난히도 흐드러지게 피었던 그 해 봄 날 아침, 한 집안의 가장이던 15세 어른아이가 노점상을 하러 나갔다가 저녁엔 두 눈이 통통 부은 소년이 되어 집으로 돌아왔다.

잃어버린 날들

　　16세 되던 해에 셋째 누님이 일하고 있는 교감선생님 댁에서 하룻밤을 묵게 되었다. 그 당시엔 일자리도 귀하고 살림이 어려운 사람들이 더 많아서 식구들 입을 줄이는 것만도 다행이라 여기던 시절이었다. 누님은 임금 책정도 없이 중노동과 같은 가사도우미를 하면서 틈틈이 편물기술을 배우고 있노라고 했다. (후일에 전국기능대회에서 금메달리스트로 등극, 편물 분야의 직능인이 되셨다.) 그 교감선생님은 도우미의 동생인 나에게도 어려움을 참고 이겨내면 반드시 좋은 날이 올 거라며 여러 가지로 도움의 말씀을 해주셨다.

　　다음 날 집으로 돌아가는 버스를 타기 전에 충장로 거리를 구경하러 다녔다. 그러다가 우연히 잡화 도매상을 발견했다. 가게 안으로 들어가 이것저것 물어보니 영광 읍내보다 물건 값이 많이 저렴했다. 물건도 다양했다. 대충 어림잡아도 영광 읍내까지 걸어 다니는 대신에 광주시내까지 버스를 타고 다녀도 이문을 많이 남길 수 있을 것 같았다. 그 날부터 광주의 도매상을 이용했다. 물건을 싸게 구입해서 이문을 많이 남길 수 있게 되자, 건빵을 몇 알씩 덤으로 얹어주었다. 아이들 사이에서 입소문이 나기 시작했다. 다른 구멍가게에서 내게 싫은 내색을 보이곤 했지만, 그런 걸 따질 처지가 아니었다.

하루는 지나가는 길이라며 군서면 우체국장님이 우리 가게에 들렀다.

"자네, 한문은 좀 쓸 줄 아나?"

"한문이요? 아마 쓰고 읽는 건 거의 막힘이 없을 걸요."

"그려? 언제 그렇게 한문공부를 했나?"

"여기 이사 오기 전인 열두 살 때부터 새벽에 신문을 돌리면서 남는 신문을 읽기 위해 매일 한문을 익혔습니다."

"어허, 대단하구나. 그럼 우리 우체국에 와서 집배원 한번 해보지 그래?"

"정말요?"

그렇게 열여섯 살에 집배원 일을 시작했다. 무거운 우편물 가방을 메고 날마다 20여km 거리를 걷는 일은 생각보다 힘들었다. 월남전이 한창이어서 우편물량이 역대 최대치로 불어났던 때였다. 집배원으로서의 일은 내게 행운이고 축복이었다. 아니, 내 인생에 햇빛이 드는 기분이었다. 배달담당 지역의 동리 어르신들과 친숙해지자, 따뜻한 점심을 차려 주시는 분들이 많았다. 그 뿐만 아니라 대학생이 있는 집에 들러 검정고시에 대한 문의도 할 수가 있었다. 일반도서나 참고서도 귀한 시절이었다. 더구나 넉넉지 않은 형편이어서 책 한 권도 큰 맘 먹고 사야했다. 그런데 이것저것 묻는 내게 낡은 참고서도 선물해 주고 어려운 문제가 있으면 언제든지 물어보라며 격려해 주는 선배들을 더러 만날 수 있었다. 한자투성이 편지봉투가 많아서 긴가민가했던 한자를 확실히 익힐 수 있는 것도 신났다. 밤마다 다리에 쥐가 나는 고달픈 집배원 일이었지만, 뭔가 배우는 일을 한다는 생각에 즐거운 마음으로 해낼 수 있었다. 그런 가운데 한 가지 꿈을 꾸었다. 내가 언젠가는 사람들에게 좋은 소식을 전해주는 희망 배달부가 되겠다는 꿈을, 그 꿈은 삶이 힘들거나 돌아가신 아버지가 사무치게 그리워질 때도 나를 잘 지탱할 수 있게 도와 준 안전핀과도 같았다.

아버지의 얼굴 이마 중앙에 커다란 점이 있었다. 그래서 사람들은 아버지를 탱자나무집 '혹부리영감'이라고 불렀다. 아버지의 사업이 부실하다는 소리를 들어본 적이 없었다. 게다가 공부 잘하는 장손을 두었다며 주위 사람들은 아버지를 부러워했다. 소문난 수완가였던 아버지는 항상 사람들을 몰고 다녔다. 걸음걸이도 당당했다. 그러던 아버지가 갑자기 돌아가시고 나니, 우리에게 남은 건 무일푼이라는 사실뿐이었다.

집 뒤편 개울에 흐르던 물소리도, 울타리에서 풍기던 탱자 향기도, 아버지의 호방한 웃음소리도 들리지 않는 타향 집 마당에서, 나는 외롭고 고달플 땐 아버지의 호탕한 웃음을 떠올렸다. 밤하늘의 별과 대화하며 '뜻이 있는 곳에 길이 있으리라'는 희망을 붙들고 종종 새벽이슬을 맞았다. 나는 그 때부터 새벽형 인간이 되어 가고 있었다.

part 03 비상을 꿈꾸며

집배원 일을 시작한 지 2년이 지나자, 자전거가 배급됐다. 걸어 다닐 때보다 집배원 일이 많이 쉬워졌다. 사설 우체국이던 그 곳 우체국장님은 근로기준법에 맞는 나이가 되면 정 직원으로 채용해 주겠다고 했다. 그러나 그 때부터 더 많은 고민을 하게 되었다. 내 나이 벌써 열여덟 살. 나이는 자꾸 먹어 가는데 공부는 언제 제대로 할 수 있단 말인가. 시골에서 그냥 살아가는 것이 옳은 일인지 번민하느라, 가슴 속 응어리가 커져만 갔다. 답답한 마음에 광주행 버스를 타고 셋 째 누님이 일하는 교감선생님 댁으로 갔다.

"꼭 공부를 해야겠니?"
누님은 한숨을 길게 내쉬며 나를 물끄러미 바라봤다.
"난 포기가 안 돼. 누나!"
"그래? 그럼 교감선생님과 상의 좀 해보자."
교감선생님은 내 얘기를 들으시더니, 한 동안 생각에 잠기셨다.
"뜻이 있는 곳엔 반드시 길이 있게 마련이다. 일단 광주에서 일자리를 알아보는 게 좋겠다."

"여기에서요?"

"그래, 그래야 돈도 벌고 도서관에서 밤을 새우던지 할 수 있을 것 아니냐."

"제가 할 만 한 일을 찾을 수 있을까요?"

"'꿈쟁이'에겐 반드시 길이 있게 마련이다. 지난번엔 그냥 흘려들었다만 꿈을 잃지 않고 도전하려는 마음이 가상하구나. 나도 한 번 알아보마."

교감선생님의 '꿈쟁이'란 말이 가슴에 꽂혔다. 새벽별이 가슴에 꽂히듯. 얼마 후 교감선생님이 소개해 준 곳은 충장로에 있는 '화인약업사'였다. 일제 강점기에 일본인이 경영하던 약품 도매상이었는데 제법 규모가 컸다. 그곳엔 10여 명의 직원이 일을 하고 있었다. 면접을 보러가니 다른 지원자들도 몇 명 와 있었다. 그 중에서 내가 제일 어렸다. 약업사 사장님은 맨손으로 개똥을 치우라며 우리를 시험했다. 다른 사람들이 쭈뼛대는 동안 나는 재빨리 맨손으로 개똥을 치웠다.

"재준이 너를 뽑기는 했다만 아직 나이가 어려서 일머리를 잘 모를 터이니, 일을 익힐 때까지 두고 보마."

"네, 열심히 해보겠습니다."

면접시험에 통과한 나는 약국에서 허드렛일을 거들게 되었다. 일을 배우며 숙식을 해결하는 것이 내 임금 조건의 전부였다. 선배들은 내가 나이도 어리고 약품에 대한 상식도 없으니 창구에서 손님을 받으려면 족히 2년은 걸릴 거라고 했다. 그러나 나는 몇 개월이 채 가기도 전에 약국에 진열된 약품을 거의 다 외웠다. 또 친절한 선배를 붙잡고 약품의 용도에 대해서도 부지런히 배웠다. 위치도 정확히 기억해 두었다가 선배들이 점심을 먹으러 들어간 사이 능숙하게 손님을 상대했다. 그러나 무임금으로 약국에서 계속 일하다가는 공부를 할 수 없을 것 같았다. 6개월이 지난 어느 날 새로운 결심을 해야 했다.

"사장님 그동안 제게 일할 기회를 주셔서 감사합니다. 제가 더 늦기 전에 검정고시 준비를 하려고요. 그동안 잘 보살펴 주셔서 고맙습니다."

인사를 남기고 돌아서는데, 사장님이 나를 불러 세웠다. 그리고는 뜻밖의 제안을 했다. 입사 때부터의 임금도 지불해 주고 우리 가족들과 생활할 수 있도록 넉넉하게 임금을 지급하겠다는 것이었다.

"왜 저한테 그런 말씀을 하세요. 사장님?"

"네가 올해 열아홉 살이지? 내가 그동안 줄곧 너를 지켜봤다. 재준이 너만 한 아이를 여태껏 본 적이 없구나. 다들 주어진 일에 급급한데, 너는 많이 노력하더구나. 네가 결혼적령기가 되면, 약사 신부를 맞이하도록 해 주고 약도 차려주마. 이 약속을 너희 집안 어르신과 소개하신 선생님 입회하에 공증을 하자. 아무튼 일주일 정도 시간을 줄 테니 잘 생각해 보거라."

나는 12살 때 법조인이 되고 싶다는 생각이 내 머릿속에 꽉 들어차 있었다. 링컨의 전기를 읽고 영향을 받은 것이다.

더 늦기 전에 공부를 시작해야겠다고 결심을 했지만, 사장님의 그 큰 제안을 선뜻 거절하기는 어려웠다. 더구나 수중엔 방을 구할 돈은 고사하고 책 살 돈도 없고, 돌아 갈 곳이라곤 시골 집 뿐이었다. 나는 일주일간 많은 고민을 했다. 내게 조언을 해 줄만한 사람도 없었던지라, 밤마다 옥상에 올라가 새벽까지 별들을 쳐다보다 내려왔다. 그리곤 쪽잠을 자며 뒤척였다. 이 제안을 받아들이면 모든 것이 일시에 풀리면서 보장이 되는 것이기에 마음의 흔들림이 컸다. 현실적인 계산을 하지 않을 수가 없었다.

　"사장님 저를 그렇게 잘 봐주셔서 감사합니다. 하지만 저는 더 늦기 전에 꼭 공부가 하고 싶습니다."
　"허어! 진짜 못 말릴 놈일세. 결심을 단단히 굳힌 것 같으니 꼭 성공해 보거라."

　사장님은 내게 장학금이라며 봉투를 건네셨다. 그 봉투에는 일 년 정도 공부할 수 있는 돈과 시골에 보내줄 돈이 들어있었다. 나는 그 길로 헌 책방에 달려갔다. 학원에 다닐 형편이 안 되는 내가 9과목의 교과서를 선택한 기준은 책에 빼곡히 메모가 돼있는 것이라야 했다. 그리고 6개월 동안 쪽잠을 자면서 혼신의 힘을 다해 검정고시에만 집중했다. 거의 모든 과목을 외우다시피 파고들었다. 매일 책과 씨름하다 잠이 들면 누군가 칠판에서 그 문제를 푸는 모습이 보였다. 깨어나면서 탄성을 자아냈다.
　'아! 이거였구나!'

독학의 길이었지만 흥분과 즐거움이 샘솟는 나날이었다. 다른 사람은 한 번 보아 알아간다면, 나는 열 번을 보자. 나의 좌우명인 '정신일도하사불성(精神一到何事不成)'을 마음에 새기고 또 새겼다.

1970년 9월 30일 첫 번째 도전한 고입검정고시에 합격했다. 화인약국사장님은 축하한다는 말씀과 함께 두 번째 장학금을 쾌척해 주셨다. 그 장학금으로 대입검정고시에 도전하였다. 학생도서관에서 쉬는 시간에 내 또래 또는 후배들에게 고개를 숙이고 수학과 영어를 배웠다. 모두가 나의 스승이었고 나를 돕는 천사였다.

일 년이 지난 이듬해 연이어 대입검정고시에 합격했다. 가장의 책임을 다 하기위해 시골에 있던 가족을 광주로 오게 했다. 광주로 가족을 오게 한 이후 처음에는 남동생과 연탄배달을 함께 하며 생계를 유지했다. 동생은 중학과정을 마친 후 공장에 취직하여 주경야독으로 지방공무원 시험에 합격하여 공직 생활을 시작했다. 부군수로 퇴직하기까지 성실한 공무원의 표상이었다. 나는 준비된 3개월 하숙비로 대학진학을 포기하고 공무원 시험에 도전하기 위해 구례 천은사에 들어갔다. 고시를 준비하는 형들한테서 지도를 받으며 공부를 하던 중 그 해대법원 9급 시험에 도전하였다. 1차는 고시처럼 지역선발을 하고 2차는 서울에서 논문시험을 보는 최초 응시에 도전하였다. 하늘이 도와 2차 4과목 논문시험에 통과하여 3차 면접을 거쳤고, 마침내 최종 합격통지를 받았다.

1973년, 합격과 동시에 직장인으로서 나의 첫 공무원 생활이 시작되었다.

첫 발령 part 04

1973년 12월 5일, 9급 법원공무원 발령이 났다. 춘천지방법원 삼척등기소에서 생애 첫 공무원 생활이 시작되었다. 발령을 받고 불과 한 달여 만인 신년 연휴에 광주에 갔다가 삼척을 가기위해 청량리에서 야간열차를 탔다. 삼척까지는 10시간이 소요되는 거리였다. 당시의 삼등 열차는 좌석제가 아니었다. 그 때만 해도 대부분의 서민들은 빨리 가는 비싼 우등열차를 타는 대신에 저렴한 삼등열차를 이용했다. 시간이 다소 지체되더라도 차비를 아끼는 것이 미덕으로 여겨지던 시절이었다.

열차 안은 몹시 시끄럽고 담배연기 자욱해도 사람 냄새가 나는 정겨운 풍경을 자주 볼 수 있었다. 처음 보는 사람들과 통성명도 하고 삶은 달걀을 나눠 먹기도 했다. 그 때문인지 열차 안에서 맺어진 로맨스도 심심치 않게 들려오곤 했었다. 다른 사람들보다 먼저 승차하여 자리를 잡은 나는 그런 로맨스를 기대하며 옆자리에 소지품을 놓아두었다. 무려 출발 40분 전에 승차하여 이제나 저제나 학수고대하며 차에 오르는 사람들에게서 눈을 떼지 못했다. 그런데 할아버지, 할머니, 아주머니, 아저씨, 학생들뿐이었다. 빈자리 있냐고 묻는 사람들에게 기다리는 사람이 있다고 대답하자니 마음이 찔렸다. 그래도 양보하고 싶진 않았다. 열차 출발시간이 임박해오자, 기차 안은 차츰 만원이 되어 갔다. 통로에까지도 사람들로 꽉 채워지기 시작했다. 그 와중에도 끝까지 기다려보기로 마음을 먹었다.

드디어 한 사람이 나타났다. 그러나 웬 남자가 생면부지인 자신을 기다리고 있을 줄은 상상도 못했던 아가씨는 내가 앉아있는 좌석을 그냥 지나쳐갔다. 나는 다급하게 자리에서 일어나 아가씨를 불렀다. 그 아가씨는 좌석을 권하는 내게 가벼운 목례를 하고 자리에 앉았다. 총각이랍시고, 일행도 아닌 아가씨를 기다리느라, 좌석을 잡아 놓고는 먼저 열차에 오른 사람들을 거절했다는 따가운 눈총이 느껴졌지만 그런 것은 아무래도 좋았다.

나는 그 때까지 이성과 단둘이 이야기를 나눈 경험이 없었다. 학교마저 초등학교가 최종 학력이었으니 사춘기에 여학생과 교제는커녕 가슴 설레며 훔쳐보던 대상도 없었다. 그런데 어디서 그런 용기가 숨어있었는지, 그 날 나는 무엇에 홀린 사람처럼 이성을 기다리는 뻔뻔한 용기를 발휘했던 것이다. 그리고는 한 순간도 허비하고 싶지 않은 욕심에 계속해서 말을 걸었다.

아마 그날 나는 독학하면서 틈틈이 읽어온 책들을 들먹이며 다소 과하게 나를 드러내 보이려했던 것 같다. 4시간여 동안 아가씨는 내가 덤벙거리는 것을 알면서도 대화를 피하지 않았다.

"저어, 내리시기 전에 제 주소를 적어 드려도 될까요?"
"주소를 요?"

아가씨는 무척 당황한 듯 했다. 잠시 후, 허락의 말이 떨어지기가 무섭게 나는 수첩을 찢어 주소를 적은 뒤, 재빨리 그녀에게 건넸다. 삼척에서 새내기 공무원으로서 바쁜 나날을 보내던 어느 날, 발신자 불명의 편지가 한통 날아왔다. 그저 안부를 묻는 짤막한 편지였다. 하지만 그 아가씨가 보낸 편지는 고향을 떠나온 내게 작은 위안도 되어주고 일말의 희망도 품게 했다. 그로부터 한 달여 후 다시 편지가 왔다. 여전히 안부를 묻는 내용에 발신자 주소가 없는 편지였다. 두 통의 편지를 받은 후, 어느 날 갑자기 그 아가씨가 나를 찾아올 지도 모른다는 생각도 했던 것 같다. 그러나 그 후로는 편지도 끊기고, 나도 차츰 기다림에서 멀어지고 있었다.

얼마 후, 강릉법원으로 발령이 났다. 몇 개월간 새 부임지에서 적응하느라 바쁜 와중에 단기사병소집 영장이 나왔다. 여덟 살 아래 여동생과 어머니를 모시고 고향인 광주로 다시 이사했다. 6개월여의 시간이 흘렀다. 어느 날 강릉의 법원 동료에게 안부전화를 걸었다.

"자네한테 국제우편이 와있어."
"그래? 그런데 왜 이제야 알려 주는 거야?"
"자네 연락처를 알 수가 있나 이 사람아, 자네 집에 전화가 있는 것도 아니고, 그나마 삼척 등기소로 온 엽서를 강릉으로 다시 보내줘서 보관했던 거라니까."

동료가 광주로 보내온 엽서를 받아보니, 1년 전의 소인이 찍혀있었다. 기차 안에서 만난 그 여인으로부터 온 엽서였다. 짤막하게 안부를 묻는 엽서엔 주소가 찍혀있었다. 비록 외국이었지만. 그 때 독일에 있던 그녀는 짐정리를 하다가 우연히 열차 안에서 받은 찢어진 메모지를 발견 했다고 했다. 버린 줄 알고 떠나 온 이국땅에서 구겨진 메모지가 옷가지 속에서 나왔던 것이라고.

외눈박이 신랑 part 05

우리의 두 번째 만남은 4년 만에 이뤄졌다. 그 날 열차 안에서의 동석이 인연이 되어 그동안 편지를 주고받았던 그녀가 지금 나의 아내인 영애 씨다. 영애 씨가 독일에서 돌아오는 날 김포공항으로 마중을 나갔다. 외국에서 생활해서인지, 그녀는 더 세련되고 멋지게 변해 있었다. 영애 씨의 가족들이 공항으로 마중을 나와 있었다. 그래서 길게 이야기하지 못했지만, 오랫동안 보아 온 연인 같은 친밀감이 들었다. 영애 씨가 귀국한 후 1년간의 교제기간 동안 나는 다시 국가행정직 7급 시험에 합격하여 국방부 방산국에서 근무하게 되었다.

1979년 3월 31일, 우리는 결혼식을 올렸다. 결혼에 이르기까지 우여곡절도 많았지만, 아내는 그 모든 것을 감내해 주었다. 우리의 결혼식은 조촐했다. 아내는 내 형편에 맞는 결혼식에 별 이견 없이 동의했다. 그래서 결혼으로 인해 빚을 지지 않아도 되었다. 나는 평소에 신던 구두를 신고 결혼식장에 들어갔다. 실반지 하나씩 나눠 끼고 치른 결혼식에 신혼여행은 가당치도 않은 사치였다. 도봉산 근처의 모텔에서 하루를 묵은 것이 우리의 신혼여행이었다. 하루만의 신혼여행에서 돌아온 우리는 방 2칸짜리 집에서 어머니와 동생이 함께 기거하는 신접살림을 시작했다. 우리 두 사람은 오직 사랑하는 마음 하나만 믿고 결혼 했기에, 어떤 난관도 능히 헤쳐 나갈 각오가 되어있었다. 하지만 현실은 그리 녹록치 않았다.

어느 날 부터인가 아내의 얼굴에 그늘이 드리워지기 시작했다. 나를 보면 '우리 장손', '우리 장한 아들' 하며 웃어 주시는 어머니가 내 아내를 힘들게 할 리가 없다고 나는 믿고 있었다. 아들을 남편이요, 친구요, 집안의 대들보로 믿고 받들며 살아온 청상과부 시어머니의 호된 시집살이가 막내딸로 귀여움을 받고 자란 아내에겐 버거울 수도 있겠다는 생각을 그 땐 미처 하지 못했다. 그런 아내에게 나는 따뜻한 위로의 말은커녕 모르쇠로 일관했다. 게다가, 나는 무조건 어머니 편에 섰다.

아내는 신앙심이 깊고 사리가 분명했다. 그런데 무조건적인 순종을 강요하는 시어머니의 맹목적인 자식 사랑과 남편의 외면으로, 아내는 외롭고 힘든 시간의 강을 혼자서 건너야 했을 것이다. 오직 하나님만을 바라며 믿으며 기도하면서….

내일도 오늘처럼

part 06

"해피 굿모닝!"

"해피 굿모닝이에요"

새벽에 들어갔던 베란다 기도실에서 나오면 아내가 주방에서 나를 보며 웃는다. 어느 덧 육십을 넘긴 우리 부부는 이왕이면 신혼처럼 살려고 노력한다. 부부가 한 집에서 삼십 년 이상 부대끼며 살아오는 동안 어찌 좋은 일만 있었을까마는, 우리는 지금 다시없는 평안을 누리며 살고 있다. 이렇게 되기까지 우리 집안을 지탱해 온 사람이 아내라 해도 과언이 아니다. 아내는 내가 온전히 하나님 앞에 나오게 될 때까지 나의 많은 과오를 껴안고 부단히 기도하며 인내해 준 진정한 나의 반쪽이다.

단기사병으로 복무하던 초년병 시절에 건강검진이 있었다. 검진결과 시력이 좋지 않다는 통보를 받았다. 즉시 복무해지 되었다. 곧바로 강릉법원으로 복직해야 했지만, 한 시도 잊지 못하던 사법고시에 도전하고 싶은 욕망이 꿈틀거렸다. 법원행정직 공무원이 되기 훨씬 이전부터 사법고시에 도전하고 싶었으나, 검정고시로 중·고 과정을 인정받고 공무원시험에 합격한 것만으로도 숨차게 달려온 여정이었다. 마침 군복무 해지를 통보받고 잠시 휴식 같은 시간이 주어지자, 사법고시에 도전해보고 싶다는 욕심이 더 크게 자리했다. 수중엔 그간 공무원 생활을 하며 모아 둔 얼마의 돈이 있었다. 그래서 과감하게 사표를 던지고 사법고시 공부를 시작했다.

그야말로 불철주야 공부에 매진했다. 하지만 첫 번째 도전에서 낙방의 고배를 마셨다. 사법고시가 그리 쉬우면 일류대학교를 나온 인재들이 추풍낙엽처럼 떨어질까. 그러나 또한 고시의 큰 장점이 학력 제한이 없다는 것이 아니던가. 나는 이때 평생 법률서적을 체계적으로 공부할 수 있는 기회를 얻게 되었다. 그것은 아내로부터 장학금을 받은 덕분에 가능하였다. 결과는 낙방을 했지만, 그 2년이 나에게는 마중물과 같은 시간이었다. 그 덕에 국가 행정직 7급 시험에 합격하여 중앙부처에 근무를 하던 중 결혼을 했다. 하지만 법조인이 되겠다는 꿈이 있었기에, 다시 법원 7급 시험에 합격하여 진주법원에서 1년을 근무하던 중 법원 행정고시에 합격을 하였다.

충남 홍성법원으로 발령이 났다. 홍성에서 일 년 반 가량 근무했을 때 등기소장으로 발령이 났다. 약관의 나이라 해도 좋을 서른한 살이었다. 등기소는 태안읍에 있었다. 그 때부터였던 것 같다. 아내가 짐작하는 것보다 훨씬 더 많이 내 개인적인 시간을 갖게 되면서 나도 모르는 사이에 궤도를 벗어난 길을 가고 있었다. 야금야금 방종한 생활로 빠져들어 갔던 것이다. 그러나 표면적으로는 그리 심한 갈등의 골이 드러나지는 않았다.

기실 아내는 긍정적인 생각의 소유자다. 경상도 특유의 대범함도 있었다. 단지 아내의 이야기도 들어주고 자잘한 일상을 공유하기 보다는 어릴 때부터 가장노릇 하면서 자리 잡은 마초적 문화의 습성을 알지 못했다. 나는 나도 모르게 벗어나고 있는 생활의 일탈을 그저 동료들과 내기 화투 좀 친 것뿐이라고, 우연히 한잔 기울인 것일 뿐이라고 일탈을 합리화시키며 밖으로 나돌았다.

part 07 이카루스의 추락

태안에서 2년간의 근무를 마치고 대전으로 발령이 났다. 태안에서 갖가지 여흥에 재미가 들려있던 나는 대전으로 이사한 뒤 물 만난 고기처럼 인생을 즐겼다. 그것은 어쩌면 내가 나에게 주는 포상의 시간이었는지도 모른다. 적어도 그 땐 그렇게 생각했다. 나름 치열하게 살아왔다고 믿었으므로 하나님을 모르는 자의 방종엔 합리적인 갖가지 이유도 많은 법이다.

대전은 한적한 태안과는 달리 법원의 직원 수도 많았다. 눈만 돌리면 휘황찬란한 불빛이 우리를 환영했다. 물론, 근무를 태만히 한 것은 아니었다. 단지 동료들과 어울리는 것이 좋았다. 사춘기 이후 학창시절이 없었으니 동기라거나 동창이라는 단어를 붙일만한 친구도 없었다. 그래서 직장에서 만나는 사람들과 친분을 쌓는 일에 그리 열을 올렸는지도 모른다. 가짜를 채워내려 할수록 진짜 마음에 눌려 욕구불만이 켜켜이 쌓여가는 것도 모른 채 하루살이처럼 살았다. 그것이 나를 어떻게 피폐하게 만드는지 가늠할 필요를 느끼지 못했다. 가족과 가까이 하기보다는 테니스를 치거나 회합이 있다고 둘러대며 집안일에 관심을 두지 않았다. 돌아보면 뻔뻔함의 극치를 달리던 남편이었지만, 사내라서 용서받을 수 있는 일이라 여겼다. 아내에게 믿음이 없었다면 그 때 우리는 더 이상 부부의 연을 이어 갈 수 없었을지도 모른다.

아내는 늘 기도했다. 결혼 후 나도 아내를 따라 교회에 나가고 있었지만, 나는 빈 껍데기만 왔다 갔다 했다. 퇴근하고 나면 가장의 책무는 홀렁 벗어던지고 오로지 나 자신을 위한 시간을 만들곤 했다. 다만 주말엔 아내의 체면을 세워주려 교회에 나갔다. 그래도 테니스 시합 핑계를 댈 수만 있다면, 주저 없이 주말에도 라켓을 둘러메고 코트로 나갔다. 테니스에 광적으로 빠져있던 시기이기도 했다. 그러나 요즘처럼 가족단위 레저를 즐기던 시절이 아니었다. 좀 더 은밀하게, 되도록이면 남자들끼리의 놀이를 찾던 중 고스톱에 빠져들었다.

술과 도박에 중독된 나는 도장을 찍지 말았어야 할 서류에 도장을 찍고 말았다. 그 일로 대전에서 2년간의 근무를 끝으로 직장을 그만두어야 할 처지가 되었다. 어쩌면 그것은 이미 오래 전부터 예고된 수순이었는지도 모른다. 잘못된 판단을 내린 직후부터 내게 닥쳐 올 일들에 대해 불안한 생각을 떨쳐버릴 수가 없었다.

그것은 내 생에 일대 광풍과도 같은 변화를 예고하는 것이었다. 비록 자발적인 결정은 아니었지만, 돌이켜 생각해 보면 그 일이 내 생애 가장 큰 전환점이었던 것은 분명하다. 나의 방종에 하나님의 개입이 시작된 것이다. 그럼에도 나는 곧바로 하나님의 뜻을 알아채지는 못했다. 예기치 않은 난관에 부닥치니, 하나님보다 아내가 더 미더웠다. 아내는 직장을 그만두게 될지 모른다는 나의 말을 듣고도 흔들리지 않았다. 하나님이 내게 보내는 메시지가 따로 있을 것이라는 위로와 함께 희망의 끈을 던져주었다.

1986년 1월 1일 처음 새벽기도에 나가 하나님의 임재를 경험했다. 성령님이 뜨겁게 임하자, 그간의 잘못된 행적들이 활동사진처럼 또렷이 보였다. 저절로 통한의 눈물이 흘렀다. 그 날 유다서 1장 20절 '사랑하는 자들아 너희는 너희의 지극히 거룩한 믿음위에 자신을 세우며 성령으로 기도하며 하나님의 사랑 안에서 자신을 지키며 영생에 이르도록 우리 주 예수그리스도의 긍휼을 기다리라.'는 말씀이 가슴에 새겨졌다.

그날 이후, 기적처럼 가족이 알게 모르게 빠져있던 술과 도박에서 해방되었다. 심지어 근무 중에도 퇴근 후엔 어디로 몰려 가볼까 고민하던 것이 일체 생각조차 나질 않았다. 얼마 후 휴가 중에 오산리기도원에 갔다. 7일 간의 금식기도를 마치고 돌아온 후 직장과 주변을 정리해 나갔다. 등기소장으로 발령을 받은 날로부터 겨우 5년, 35세 때였다. 일장춘몽 같이 짧은 출세기간이었다. 그러나 기도원에서 하나님을 인격적으로 영접한 이후라서, 마음엔 한 점 미련도 없었다. 오히려 후련했다.

'여호와께서 아브라함에게 이르시되 너는 너의 고향과 친척과 아버지의 집을 떠나 내가 네게 보여 줄 땅으로 가라'(창12:1)는 말씀을 붙들고 기도했다. 얼마 후 처가가 있는 안동으로 이사했다. 사법고시에 대한 미련이 많이 남아있던 나는 다시 한 번 도전하기로 작정했다. 안동으로 이사한 후 아내는 생활비 걱정하지 말고 후회가 남지 않도록 최선을 다하라며 격려했다. 2년여의 세월이 흘렀다.

"어려우면 이제 그만 해도 돼요."
"그래도 될까?"
"나이 들어 공부하는 것이 쉬운 일은 아니지요."

언제부터인지 다른 무언가가 나를 기다리고 있는 것만 같은 생각이 들었다.

내가주는 물을 마시는 자는
영원히 목마르지 아니하리니
내가주는 물은 그속에서
영생하도록 솟아나는
샘물이 되리라
요한복음 4장 14절

잊히지 않는 성적표

part 01 첫 사역

안동으로 이사한 후 열심히 교회에 다녔다. 그 2년은 말씀으로 훈련 받는 시간이기도 했다. 김기중목사님의 강해 설교는 내 영혼을 풍성하게 했다. 그때까지 성경교육이라곤 받아본 적이 없는 나는 처음으로 QT(하나님과의 개인적인 시간)를 하고 있었다. 구역장과 청년부장으로의 섬김을 통해 부흥이 일어나는 놀라운 경험을 했다. 사법고시에 대한 미련을 접을 즈음, 우리가 다니던 안동의 교회가 새 보금자리 건축을 막 시작했다. 그런데 여러 가지 사정으로 교회 건축이 중단되는 사태가 발생했다. 비교적 큰 공사였기에 공사 중단의 여파가 만만치 않았다. 건축위원들은 위원들대로 성도들은 성도들대로 향후 일정에 대해 의견이 분분했다. 어느 날 담임목사님이 나를 찾아오셨다.

"정 집사님, 기도 중에 자꾸만 집사님이 보입니다."
"제가요? 건축일이 어그러져서 어려움이 많으시지요?"
"네. 그런데 말입니다. 한번 뿐이 아니에요. 하나님이 정 집사님과 건축을 의논하는 것을 꿈을 통해 보여 주신 것이 아무래도 집사님이 직접 교회 건축을 맡으셔야 할 것 같습니다."

"네? 아니 저는 건축에 관한 지식이 일천한 사람인데, 제가 어떻게 그런 큰 공사를 해낼 수 있겠습니까?"

"하나님이 역사하시는 일이 어디 사람이 가능할 수나 있는 일이던 가요. 이 일은 집사님을 세우시기 위해 중단된 일 같다니까요."

"저는 벽돌 한 장도 옮겨본 적도 없습니다. 목사님."

결국 그 일은 내 몫으로 돌아왔다. 아내와 나는 작정기도를 한 후, 그 일을 사명으로 받아들이기로 했다. 교회 건축은 당시 안동에서 제법 큰 규모의 공사였다. 그 때부터 밤낮으로 설계도를 보는 법을 배우고 익혔다. 교회 건축을 제대로 하기 위해 전국에 이름난 교회를 30여 곳이나 견학했다. 공사를 직영(공사를 건설회사에게 의뢰하지 않고 소유주가 직접 짓는 일)할 수밖에 없었던 것은 주변 주민들의 극심한 반대가 있어 업자가 포기하고 면허만 빌려주었기 때문이었다. 직영체제는 각각 분야별 계약체결부터 시공에 이르기까지 책임을 져야 한다. 공사장에서 잔뼈가 굵은 사람들에게 낮잡아 보이지 않으려고 공사장 일머리를 꿰는 노력을 게을리 하지 않았다. 교회 건축을 하다 보니 각 분야별로 체결한 계약 건수가 50종류가 넘었다. 집을 짓는 일이 각각의 전문분야에 종사하는 사람들이 최선을 다해 만들어내는 역동적인 하모니라는 것도 알게 되었다.

뙤약볕이 내리쬐고 흙먼지 날리는 현장을 오가고 관공서나 자재를 구입하러 돌아다니다 보면, 녹초가 되어 집에 돌아오는 날이 많았다. 그러나 집에 돌아와도 할 일이 또 남아 있었다. 공사비 내역 정리였다. 워낙 큰 공사인지라, 각종 영수증을 정리하는 일도 웬만한 회계업무

못지않았다. 그도 그럴 것이 새참 막걸리 한 사발 값이나 못 한개 값
도, 덩치 큰 공사비도 다 내손을 거쳐 나가고 들어오고 했던 것이다.
한 푼의 오차도 남기지 않으려 더 신경을 쓴 것이 공사비 내역이었다.

　장장 24개월에 걸친 교회본당 건축이 완공되었다. 내겐 불가능하
다 여겨지던 사역이었다. 그러나 교회를 완공시키고 나서야 분명히 알
게 된 사실이 하나 있었다. 하나님 일은 순종하면 하나님께서 하신다
는 것이었다.

너의 지팡이는 무엇이냐

교회건축을 하는 동안 교육관 시설이 부족함을 알았다. 하지만 대안이 없었다. 그 교회는 중견교회였다. 교회 학생이 많아서 교육관 시설이 더 필요했지만, 재정 때문에 확장할 수 없었다. 그 때 나는 마땅한 수입원이 없었다. 공부하느라 2년, 다시 교회건축에 자비량으로 매달려 또 2년을 별다른 수입 없이 보내고 났을 때, 우리에게 남은 돈이라곤 달랑 몇 개월을 지낼 수 있는 생활비뿐이었다. 그런데도 교회가 완공될 무렵부터 교육관 1층(100평) 증축을 헌납하자는 아내의 권유가 집요했다. 앞날에 대한 이렇다 할 비전도 없던 나는 처음엔 거부하다가 아내가 가져온 작정서에 서명하였다.

교회 건축공사를 진행한 2년여 기간 동안 교회 종탑 밑의 작은 공간이 나의 기도처였다. 나는 매일 그곳에서 야고보서5장17절 엘리야의 심정으로 처절하게 기도했다. 끝없이 몸을 낮추고 마음을 낮췄다. 나의 공로가 아닌 하나님의 역사로 공사가 마무리 되게 해달라고 간구했다. 더불어 안전사고 없는 공사, 기능적으로 잘 활용할 수 있는 건물, 하자 없는 건물을 지을 수 있게 해달라고 기도했다.

교회 건축을 마치고 나자, 내게 건축사업가로 나서보라는 권유가 많이 들어왔다. 그러나 나는 하나님께 묻지 않고 하는 일이 꽝이라는 사실을 이미 절감했기에, 주변의 권유나 나의 의지대로 살고 싶은 생각이 일어나지 않았다. 6개월 동안 답답함 속에서 나의 향후 진로를 진지하게 모색했다. 그러던 어느 날 새벽 기도 중에 불현 듯 하나님은 내게 '너의 지팡이는 무엇이냐?'고 질문하셨다. 그 후로도 여러 차례 너의 지팡이는 무엇이냐는 음성을 들었다.

"여보 안동에서 법무사 사무실을 열어야겠소."
"그래요?"
"아무 걱정 마요. 다 하나님이 인도하실 거니까."

법무사 사무실은 그 때까지 전혀 생각지도 못했었다. 흡사 날마다 물을 퍼 마시면서도 우물의 실체를 모르던 사람처럼, 너무나도 간단한 이치를 깨닫지 못했다. 너의 지팡이가 무엇이냐는 말씀에 그제야 내가 여태껏 해 온 일이 무엇인지를 돌아볼 수 있었던 것이다. 그 음성 하나만으로도 하나님이 늘 우리 곁에 계시는 분이며 작은 가르침으로 큰 깨달음을 주신다는 것을 알게 되었다.

법원 근무경력이 인정되어 법무사 사무실을 여는 데는 아무런 장애가 없었다. 40세 되던 해에 법무사 사무실을 열었다. 그러던 차에 교회 내부에 일대 광풍과도 같은 사건이 일어났다. 교인이 두 파로 갈라졌던 것이다. 저들간의 사정을 일일이 열거할 수는 없지만, 그로 인해 지리하고 긴 분쟁과 협의를 거쳐야 했다. 얼마간의 시간이 흐른 후 본래 교회 전통을 사수(?)한 소수의 성도들이 법적 투쟁과 재산을 포기하고 외부에 상가를 얻어 원래의 교회 현판을 걸었다. 제자리에 남게 된 교인들은 교회 명칭을 개정하기로 했다. 우리 부부는 외부로 나온 본교회를 섬기기로 했다.

법무사 사무실을 연지 2년여 만에 교육관을 지을 돈이 마련되었다. 사무실을 개소할 때는 무일푼이나 다름없었다. 그런데 불과 2년 만에 330㎡(100평) 교육관을 지을 수 있는 돈이 들어온 것이다. 실로 기적 같은 일이었다. 만약 인간적인 욕심을 앞세워 내 일신상의 편안함을 도모하고자 했다면, 그 같은 번창이 이루어졌을까. 사업의 번창을 기적이란 말 외에 달리 표현할 길이 없었다.

그 때까지 우리는 셋집에 살고 있었지만, 집을 먼저 장만해야겠다는 생각은 없었다. 주위 사람들은 우리 부부가 교육관 증축을 위해 서약한 건축헌금을 새로 지은 교회에다 하지 말고 지금 출석하고 있는 교회에 내놓는 것이 옳다고 말했다. 아내와 나는 기도했다. 비록 지금 우리가 나가는 교회는 아니지만, 본래대로 약속을 지켜야 한다는 믿음이 생겼다. 나는 그 교회 출석을 하지 않으면서 업자를 선정하여 1층 교육관 위에 2층 증축을 완공했다. 우리 부부는 그 후 안동을 떠나 안산에 정착했다. 그 후, 그 교회에서 보낸 감사패를 받았다.

part 03
무엇을 먹을까 마실까 염려하지 마라

2010년 시화공단 끝자락 오이도 부근에 동양 최대 규모의 철강 산업단지가 준공됐다. 그와 동시에 분양 등기가 시작됐다. 공단이 워낙 큰 규모여서 공장 등기업무를 맡게 된다면, 단기간에 큰 수익을 낼 수 있는 좋은 기회였다. 그래서인지 안산시내의 법무사나 변호사 사무실에서 등기 업무를 따내기 위한 로비가 치열했다. 객지 사람이나 다름없던 나는 그 일을 맡기 위해 인맥을 동원하거나 정보를 얻으려는 노력을 일찌감치 포기했다. 다만 공단이 조성되던 무렵, 그 옆을 지나갈 때면 낮게 속삭이며 한 줄 기도를 했다.

"하나님, 이 공단이 완공되면 등기업무를 제가 맡아서 할 수는 없을까요? 만일 그렇게 된다면 아버지께서 인도해 주신 것으로 알겠습니다."

2년여 시간이 흐른 후 공단이 준공되어 등기 업무를 개시했다는 소문이 돌았다. 나중에 알고 보니 서울 소재의 변호사 사무실에서 업무를 맡았다고 했다. 가끔 기도는 했지만 내 차지가 되기에는 너무 먼 당신 같았다. 그래서 별다른 욕심을 내지 않았었기에 서운해 할 일도 아니었다. 그러던 어느 날 사무실로 나를 찾는 전화가 걸려왔다.

"감사 합니다. 정재준 법무사입니다."

"네. 여기는 스틸랜드공단 분양시행사입니다. 저희 상무님이 법무사님을 찾으십니다."

여직원이 상사에게 전화를 돌리는 잠깐 사이 혹시나 하는 야무진 생각이 머리를 스쳤다.

"법무사님, 초면입니다. 저는 윤OO 상무입니다. 만나서 드릴 말씀이 있는데, 오늘 중에 공단 방문이 가능하신지요?"

"혹 저를 보고자 하는 용건에 대해서 여쭤도 되겠습니까?"

"실은 저희가 서울에 있는 변호사 사무실에 등기업무를 의뢰했는데, 여러 가지 사정이 생겨서 법무사님과 상의를 좀 하려고 합니다."

"네. 그런데 제가 오늘은 일정이 있어 곤란 합니다. 내일 오전 9시 경에 방문할 수 있을 것 같군요"

"그럼 기다리겠습니다."

다음 날 약속 시간에 찾아갔다. 우선 간략하게 그간의 경위를 들었다. 서울에 있는 변호사사무실에서 회사가 원하는 제반 요구사항과 업무일정을 맞출 수 없다고 했다는 것이었다.

"그래서 지역의 유력한 법무사 사무실을 찾다보니, 법무사님을 추천받게 되었습니다. 가능할까요?"

"우선 업무에 대한 설명을 들은 다음 결정을 해야 될 것 같습니다."

회사 측의 설명을 들어보니 그들이 원하는 기일 내에 충분히 해결할 수 있을 것 같았다.

"이 업무 외에 회사 측의 또 다른 요구사항은 없는지요?"

"없습니다."

"그럼 제가 요청 드릴 사항이 있는데 들어보시겠습니까?"

"네, 말씀 하십시오."

"이 의뢰는 분명 아주 큰 건입니다. 제겐 다시없을지도 모르는 행운이 찾아 온 거지요. 하지만 저는 접대 자리는 마련 못합니다. 그래도 괜찮겠습니까?"

"술을 전혀 못 드시나요?"

"웬걸요, 아주 좋아했지요. 하지만 서른다섯 살 이후로 술, 담배와는 완전히 인연을 끊었습니다."

"법무사님, 그렇다면 우리 회사도 대 환영입니다. 업무처리만 우리가 요구한 대로 진행해 주신다면, 더 바랄 것이 없습니다. 앞서 일했던 사무실은 윗분이 지명한 사무실이었는데 문제가 많았습니다. 이번 일은 임원진에서 결정한 사항이니, 약속한 기일 내에 일만 잘 처리해주십시오."

전혀 예상치도 않았던 큰 수임을 하게 되었다. 협약서에 서명하고 공단을 나왔다. 뜻밖의 횡재에 놀라 한동안 차 안에서 마음을 진정시켰다.

"너는 무엇을 먹을까 마실까 염려하지 말라. 하나님 나라와 그 뜻을 먼저 구하라.”는 성경말씀(마6:33)이 생각났다. 돌아오는 차 안 라디오에서 때를 맞춘 듯 ‘하나님 한 번도 나를 실망시킨 적 없으시고, 내 작은 신음소리에도 응답하신다.’는 복음송이 흘러나왔다. 2년 전 드렸던 기도의 응답 같아서 ‘아버지 감사합니다.’를 수 없이 되뇌었다.

그 후, 공단에 상주하는 직원을 파견하고 나는 주기적으로 공단사무실을 방문했다. 그 회사는 잡다한 법률문제까지도 나에게 상담하고 의뢰했다.

공단의 실무책임자는 조부장이었다. 잘 생긴 외모에 예의바른 청년이었다.

part 04 전도하고, 중매하고, 주례 서고

"조부장, 해피굿모닝."

어느 날 이른 아침부터 그가 업무 상담을 요청했다.

"잘 생긴 청년의 요구라서 시간에 맞춰 왔지요. 오면서 이른 아침부터 진액을 쏟는 건 아닌지 모르겠다고 생각했어요. 조부장을 만나보니 법률지식이 해박하고 문제핵심을 잘 파악하는 탁월한 사람이라고 칭찬해 주고 싶네요."

"칭찬이 인색한 사회에서 법무사님 칭찬을 들으니 기분이 좋아지네요. 칭찬은 고래도 춤추게 한다는데, 거북이처럼 느린 저를 막 뛰게 하는 것 같습니다."

"내가 팁 하나를 주겠습니다."

"뭔가요. 법무사님."

"이른 아침 7시부터 상담을 요청하거나 방문 상담을 받는 건 이례적 특별대우입니다. 동의하십니까?"

"네."

"조부장에게는 언제라도 콜 할 수 있는 특권을 부여하겠습니다. 법률적인 문제가 있을 땐 언제든 문의하십시오."

그가 이른 아침부터 나를 찾은 용건을 처리한 후 차를 나눴다.

"조부장, 일요일엔 뭘 하나요?"

"법무사님, 저는 고향이 대구이고요. 5남매 중 막내입니다. 아버지는 건설업을 하십니다. 제 위의 형과 누나는 결혼하여 건축사 사무소를 운영하고 계십니다."

"묻지도 않은 얘기까지 들려주는 걸 보니, 내가 신뢰가 가나보군요. 하하."

"네. 그동안 장로님을 몇 번 뵈었는데, 처음부터 왠지 친밀감이 생기더라고요. 그래서 제 가정사까지 말씀드렸습니다."

"결혼은 했나요?"

"아직 미혼입니다. 나이는 서른다섯 살입니다."

"내가 딱 그 나이에 그분을 만났는데, 그분을 소개해 줄 테니 조부장도 한번 만나보세요."

"그분이 누구신데요?"

"조부장은 모르고 있지만, 그분은 조부장을 잘 알고 계세요. 그래서 나와의 만남을 허락해 주셨지요. '우연한 만남은 없다.' 어디서 이런 말 들어봤나요?"

"네 들어봤습니다."

"우리의 만남이 조부장 인생 여정에서 반전을 주는 만남이 되리라 나는 기대하고 있습니다. 나는 불교가정에서 자랐으나, 교회 나가는 여자를 만나 결혼했지요. 덕분에 지금 아주 잘 살고 있어요. 조부장도 신앙 있는 여자를 만나는 것이 최고의 선물이란 걸 알았으면 좋겠습니다."

그에게 〈쿠션〉이라는 책을 선물했다. 시행사의 직원들은 비교적 많은 스트레스를 받는다. 업무를 처리하면서 스트레스를 잘 극복할 수 있는 힌트를 그 책에서 발견해 보라고 말했다.

그날부터 조부장을 위한 간절한 기도가 시작되었다. 보름 후 다시 빌딩 1층 커피숍에서 만났다. 내가 소개해주겠다던 높은 분에 대해 설명하고 싶다고 하자, 그가 30분의 시간을 내겠다고 했다.

"이런 사랑을 들어 보셨나요? 만약 조부장이 배신자가 되어 세상 사람들에게 손가락질 받을 일을 했어도 끝까지 책임지는 사랑, 조 부장이 부르면 언제나 응답하는 사랑, 죽은 후에도 영원한 세상에서 품어주는 사랑, 이런 사랑을 몸소 보여주시고 부어주시는 사랑 말이오. 나와 조부장이 태어나기도 전에 우리가 치러야 할 모든 죄 값을 사랑하기 때문에 무조건 치른 사랑입니다. 내가 그 분을 만나고 보니 교회마다 십자가를 걸어놓은 이유를 알겠더군요. '내가 너희들의 모든 죄 값을 치렀으니, 너희는 그 사실을 믿고 자유함을 누리라'는 메시지가 십자가에 담겨 있는 것을 알았소.

나는 조부장도 그 분의 사랑을 받기 원해요. 그래서 그분을 소개해드리려는 겁니다. 내가 이렇게 당당하게 살아가는 것은 부활하신 그분이 나에게 소망을 주고 계신 때문이오. 그래서 그분을 만나면 살맛이 나는 거지요."

말을 마치고 난 뒤, 코팅해서 가지고 다니는 말씀 판을 내놓고 요한복음1장 12절을 먼저 읽어 보라고 했다.

"조부장, 영접하면 그 분과 교제가 시작됩니다. 영접은 고백입니다.

어떤 사람이 사랑하는 연인에게 청혼할 때 '네' 라고 응답을 하면 부부로 살아가는 것처럼, 신앙의 고백도 마음과 입술로 해야 합니다. 계시록3장20절 말씀도 읽어보세요."

이어 창세기1장 1절을 읽도록 했다. 우주의 창조자가 누구인지를 설명했다. 내가 만난 그분이 복 주시고 보호하시고 은혜주시고 평강 주시기를 조부장을 향해 소원하신다는 것도 전했다. 그리고 코팅지에 적혀 있는 민수기6장24절부터 26절까지 읽을 것을 연이어 주문했다.

"24.여호와는 네게 복을 주시고 너를 지키시기를 원하며 25.여호와는 그 얼굴로 네게 비추사 은혜 베푸시기를 원하며 26.여호와는 그 얼굴을 네게 향하여 평강 주시기를 원하노라 할지니라하라."

조부장은 또박또박 읽어 내려갔다.

"조부장, 우리가 지금까지 나눈 이야기는 그분만이 들려주실 수 있는 굿 뉴스입니다. 교회 안에서만이 그분의 사랑을 들려주기 때문에 교회로 초청하는 겁니다. 주일에 나와서 말씀을 들어 보세요"

"장로님, 그럼 다음 주부터 교회에 나가겠습니다."

그는 다음 주일 11시30분 예배에 나오기로 약속했다. 주일에 나오리라고 철석같이 믿었기에 목사님에게 메일로 보고했다. 그런데 그는 나타나지 않았다. 전화기도 꺼져 있었다. 그 때까지의 전도여정에서 거절은 수없이 당했지만, 교회에 나오겠다는 약속을 사전에 연락도 없이 지키지 않은 사람은 그가 처음이었다. 다음 날 전화를 걸었다.

"장로님, 죄송해요. 제가 한 잔해서 깜박했습니다. 다음 주에 꼭 나가겠습니다."

그러나 그 약속도 지켜지지 않았다. 그는 이후 네 차례나 더 약속했으나, 번번이 지키질 않았다. 젊은이에게 다섯 번이나 당하고 보니, 포기하고 싶은 생각이 일었다. 그러나 최소한 열 번은 믿어주자 작심했다. 여섯 번째 약속을 잡았다.

"조부장, 이런 식으로 사람과의 약속을 소홀히 여기니, 솔직히 실망이 되네요. 나하고 한 약속은 아주 높은 분과의 약속이니, 세상에서 제일 중요하고 소중한 약속인 걸 알아야 합니다."

"장로님, 제가 너무 잘못했습니다. 이번엔 반드시 가겠습니다."

여섯 번의 도끼질 끝에 불교가정의 청년이 처음으로 교회에 나왔다. 그 기간은 무려 일 년여나 걸렸다. 하지만 드디어 그도 4영리를 받은 후 새 신자 교육을 받게 되었다.

그 무렵 우리 부부에게는 무거운 숙제가 하나 있었다. 아내의 순원(구역원)인 집사님 한 분이 있었다. 그 분은 일찍이 남편을 여의고 공직생활을 하며 자녀 셋을 홀로 키웠다. 보건소장직에서 퇴직 후, 건강검진을 받았는데, 결과가 매우 좋지 않았다. 암세포가 많이 전이돼 있어 시한부 삶을 살고 있었던 것이다. 게다가 서른 살 넘은 연년생 자녀 셋이 한명도 결혼한 사람이 없었다. 큰 자녀가 딸이었다. 우리 부부는 새벽기도를 다녀오면서 같은 통로에 있는 그 집에 매일 들렀다. 매일같이 말씀 한 절을 읽고 찬송을 부른 다음 기도했다. 어머니가 병환중이니 자녀들이 결혼을 해야겠다는 생각을 할 수 없을 것 같았다. 자녀들

뿐만 아니라 병환이 깊은 그 어머니의 암담한 심정을 혜량키 어려웠다. 안타까운 마음에 늘 아버지의 마음으로 그 가정을 품고 기도했다. 때마침 조부장이 새 신자 교육을 마쳤다.

"조부장, 우리 집에서 식사합시다."

아내의 지지 속에서 그를 초대했다.

"조부장, 우리 집에 와보니 믿음의 여자와 결혼해야 하는 이유를 알 것 같은가요?"

"네, 정말 이상적인 가정 같습니다."

"조부장, 알고 보면 나는 아내 속을 참 많이 태운 사람이오. 배신도 때리고 모질게 굴기도 했지요. 그런데 아내가 믿음으로 잘 기다려주고 용서해줘서 이렇게 사람노릇 하며 살고 있지. 혹 교제하고 있는 사람은 있나요?"

"얼마 전까지 있었지만, 시원하게 헤어졌습니다."

"솔직히 말해주니 오히려 신뢰가 가는군. 그러면 우리가 참한 아가씨를 소개해도 될까?"

"두 분께서 소개를 해 주는 사람이라면 한번 만나보겠습니다."

사실 우리 부부는 조부장이 우리가 사는 모습을 보며 결혼하고 싶은 마음이 일어나길 바라는 마음으로 그를 초대한 것이다. 다행히 좀 먹힌 것 같았다. 아내가 그 집사님 큰 딸과 조부장의 만남을 주선했다. 두 사람은 우리 집에서 처음 만난 날부터 눈에 강력한 콩깍지가 씌었다. 그렇게 이십 여일이 지났다.

"장로님, 저녁에 한정식 집에서 내외분을 모시고자 합니다."

"웬 식사를?"

"저희 결혼하기로 했습니다. 내일 대구시에 계시는 부모님께 허락받으러 갑니다. 주례는 장로님께서 해 주십시오."

그들은 2012년 2월 26일 동산교회당에서 결혼식을 올리기로 했다. 나는 결혼식이 있기 전 구정 명절에 기도원에 갔다. 금식하며 신부어머니의 치유를 위해 기도했다. 부디 신유은사를 달라고. 교회 결혼식은 축도를 해야 하므로 부목사님이 주례를 서야 하는 것이 아니냐며 성도들 간에 의견이 분분했다. 그때 김인중 목사님이 구구한 이견에 종지부를 찍었다.

"이 결혼주례는 정 장로가 하는 것에 무리가 없습니다."

나는 주례를 통해 불교 가문을 향해 창조주 하나님을 소개했다. 이 모든 과정은 뜻하지 않은 큰 계약을 나에게 허락하신 것이 단순히 나만을 위한 것이 아님을 알았다. 하나님의 방법은 일석 3조의 효과를 얻게 하셨다. 결혼 후 조부장 부부는 아들을 낳았다. 지금도 여전히 믿음 안에서 잘 살고 있다.

사노라면 ^{part}
05

　공단에서 기업체를 방문할 때면, 의례히 경비실을 통과해야 한다. 그 때마다 '저분들은 어떻게 인도하지?' 궁리 했다. 기회가 있을 때마다 경비실에 월간 큐티 책과 일반 신앙서적을 꾸준히 선물했다. 하지만 차분하게 대화 할 시간이 허락되지 않아서 복음과 관련한 말씀 20절을 뽑아 복사용지에 인쇄한 다음 코팅을 해서 전하기 시작했다. 그리곤 짧게 핵심 설명을 하고 틈나는 대로 말씀을 보도록 권유했다. 미화원이나 청소담당 아주머니들과 아파트 경비실에도 예외 없이 인쇄물을 전했다.

　"아이코, 방 선생님. 오늘도 수고 많으세요. 여길 지날 때마다 선생님이 있어서 기분이 좋아집니다."

　"고맙습니다, 장로님."

　"방 선생님은 언제 봐도 웃음이 매우 매력적이세요. 화단에 심은 화초들도 선생님을 닮았나 봅니다. 아파트 주변을 늘 깨끗하게 해주시니, 우리 아파트가 명품 아파트로 손색이 없어요. 정말 감사합니다."

　아파트 경비 일은 지루한 지킴이 일이다. 그래서 한가한 시간에 볼 수 있는 책과 인쇄물을 제작했다. 가끔씩 나눔을 갖는 시간을 만들어 말씀을 나누었다. 대부분 나의 간증을 한 부분씩 나눈다. 어떤 날은 귀가하며 경비 아저씨를 위한 과일을 따로 챙겼다. 아내 역시 음식을 자주 챙겨 날랐다. 수개월 간 신뢰를 쌓은 다음 어느 하루 날을 잡았다.

"방 선생님, 제가 초대하고 싶은 자리가 있습니다."

"잠깐만요, 그보다 질문 하나 드려도 될 까요?"

"그럼요."

"법무사님 부부는 어떤 비결이 있기에 새벽기도에도 두 분이 꼭 손잡고 다니시고, 만나는 사람에게 매일 '해피굿모닝'하면서 인사를 하시나요? 명절이면 18명이나 되는 아파트 경비원 선물도 꼭 챙겨주셔서 제 어깨가 올라갑니다. 어떤 분은 재혼 부부가 아니냐고 묻기도 합니다."

"그리 말씀해주시니 감사할 뿐입니다. 그 비결은 젊었을 적에 아주 높은 분을 만났기 때문입니다. 알고 보니 그분은 제가 태어나기 전부터 저를 사랑해주셨더라고요. 더욱 놀란 것은 제 아내를 그분이 만나게 하셨더라고요."

"두 분은 어떻게 만나셨는데요?"

"하하. 청량리 발, 삼척 행 야간열차에서요. 그러니 보통 인연이 아니지요. 저는 아내를 통해 높으신 그분을 만나서 이렇게 건강하게 살아가고 있습니다."

"네, 정말 특별하시네요. 그렇게 행복을 누리는 사모님이 통로 반장을 해주시니 저희는 덩달아 기쁩니다."

"선생님, 그러시다니 고맙습니다. 선생님에게 저를 이렇게 신바람나게 한 그분을 소개해드리고 싶은데 어떠세요?"

"한 번 생각해 보겠습니다."

"그러지 마시고 이참에 확 날짜를 정합시다."

그 VIP(예비자)는 정한 날에 교회에 나왔다. 다른 예비자들처럼 4영리를 먼저 듣고 영접기도를 하고 예배를 드렸다. 어느 날 우리교회 장로 한 분이 내 소매를 잡았다.

"정 장로님, 방 선생을 어떻게 교회로 인도하셨나요? 그분은 저랑 사촌 동서지간인데, 교회 다니는 처제를 핍박한 사람입니다. 정말 놀랍습니다."

"저야 뭐 늘 똑 같지요. 다 하나님이 하시는 일 아니겠어요?"

여호와께서 이르시되 네가
수고도 아니하였고
재배도 아니하였고 하룻밤에
났다가 하룻밤에 말라버린
이 박넝쿨을 아꼈거든

요나 4장.10절

chapter **04**

탄생 그리고 만남

· · ·

part 01 영적 사사기를 벗어나게 한 세 번째 탄생

그리스도를 믿는 사람은 생이 다하는 날까지 네 번의 탄생을 경험한다고 한다. 첫 째는 모태를 통한 탄생이며, 두 번째는 주님을 만나 하나님 나라 백성으로 사는 것을 말하며, 세 번째 탄생은 내가 무엇 때문에 사는가에 대한 사명을 발견하고 그것을 실천하는 삶을 말한다. 마지막 네 번째는 이 세상을 떠나는 순간이다. 그 처음이 모태를 통해 세상에 나오듯, 마지막으로 하늘나라에 들어가는 것을 입성이라 이르는 것이리라.

아버지를 여의고 12세 때부터 가장으로 살아온 나는 하나님이 예비하신 길을 따라 서른다섯 살 되던 해에 오산리 기도원에서 주님을 인격적으로 영접했다. 그 때부터 하나님 나라 백성으로 살게 되었다. 주님을 영접하고 보니, 누구든지 십자가 대속의 은혜를 입지 않으면 절대 소망이 없다는 것을 알게 되었다. 그 때 기도원에서 나의 고백은 두 가지가 핵심이었다.

"주님 감사 합니다."

"주님, 전도하며 살겠습니다."

고백을 통해 전도하며 살겠다고 서원했다. 그런데 그 약속을 실제 삶 속에서 23년이나 거의 잊고 살았다. 그 23년 동안 믿음의 뿌리가 썩지 않은 것은 기적과 같은 은혜였다. 하지만 그것을 깨달은 후로도 한동안 오만하게 살았다. 나는 신앙생활이란 예배의 줄기, 기도의 줄기, 말씀의 줄기, 봉사의 줄기를 잘 내리면 되는 줄로 알았다. 하지만 그것만으로는 전도의 줄기가 자라지 못했다.

기실 쇠뭉치 같은 아집을 몽땅 버리지 못해 전도의 사역을 실천하기 이전의 내 영적 모습은 가분수 상태였다. 기형적인 영적 상태로 인해 엄청난 어둠의 터널에 갇히는 고통을 맛봐야 했다. 그러기에 무수한 시행착오를 거쳤다. 결정적으로 나에게 신뢰를 보낸 많은 사람들을 배신했다. 영적 사사기로 스스로 걸어 들어가는 잘못을 여러 번이나 저질러 왔던 것이다. 그럼에도 불구하고 용서의 하나님은 나에게 끊임없이 천사를 보내셨다. 그리하여 어둠의 터널에서 5년 세월을 헤매다가 전적인 은혜로 빠져나오게 되었다. 그것이 전도자로 살아가는 세 번째 탄생이 있기까지의 내 삶이다.

어머니에게서 태어난 것이 나의 첫 번째 탄생이며, 아내를 만나 하나님 말씀을 듣게 된 것이 그 두 번째 탄생이다. 전도의 사명을 실천하며 사는 현재의 삶은 나의 세 번째 탄생이다.

"해피 굿모닝."

"일요일엔 뭐 하세요?"

이 말을 탄생시킨 나는 지금 하나님 나라로 들어가는 네 번째 탄생의 날을 위해 부지런히 말씀을 퍼 나르고 있다.

part 02 간증 Ⅰ

돌이켜 생각해보면, 내 주위에는 교회에 다니던 분들이 더러 있었다. 가까이는 내 둘째 외삼촌이 장로였고, 이웃집에도 교회에 다니던 분이 있었다. 그런데도 어릴 적부터 한 번도 교회에 나갈 것을 권유받거나 하나님에 대해들은 적이 없었다.

결혼 후 아내가 간직해온 설교 테이프를 듣고 막연하게나마 교회에 나가고 싶다는 생각을 했었다. 하지만 6년 동안 네 차례나 이사를 다니며 직장생활을 하다 보니, 신앙생활에 대해 체계적인 양육을 받지 못했다. 게다가 가는 곳마다 새로운 사람들과 어울려 유흥(오락, 술, 도박)을 즐기다 보니, 아내를 근심케 하는 사람이 되어 갔다.

1986년 1월 1일 새벽4시에 잠에서 깼다. 부족한 수면시간에도 불구하고 머릿속이 산뜻했다. 불현듯 한 가지 생각이 떠올랐다. '새해 첫날이니 새벽기도에나 나가볼까?' 그동안 건성으로 아내를 따라 교회에 다녔지만, 새벽기도는 그날이 처음이었다.

그날 새벽기도 시간에 목사님이 유다서1장20절 '사랑하는 자들아. 너희는 너희의 지극히 거룩한 믿음 위에 자기를 건축하며 성령으로 기도하며 하나님의 사랑 안에서 자기를 지키며 영생에 이르도록 우리 주 예수그리스도의 긍휼을 기다리라.'는 말씀을 읽는 순간, 말씀이 나에게만 들리는 것 같았다. 그 소리는 마치 우레와 같았다. 나는 그 위엄 앞에 손을 치켜들고 "예 하나님!" 큰소리로 대답하고 엎드렸다. 거부할 수 없는 은혜가 임함을 경험했다. 그 후로 놀라운 일이 일어났다. 술과 도박중독 증상이 소멸되었다. 얼마 후 기도원에 들어가 1주일의 금식기도를 통해 주님을 인격적으로 영접했다. 그 때 나에게 일어난 변화가 있었다.

1. 내가 죄인이라는 사실과 하나님의 자녀라는 사실을 알았다.
2. 성경이 믿어지고 말씀을 사모하게 되었다.
3. 가치관의 변화는 내 삶의 모든 영역에서 변화를 불러왔다.
4. 죄와 사망의 문제가 해결되었다.

예수님이 십자가에서 대속하신 사건이 바로 나를 위한 사랑임을 알았다. 나의 고백은 감사뿐이었다. 하지만 그 후의 여정에서도 유혹에 넘어간 훼절(절개나 지조를 깨뜨림)의 세월이 있었다. 하나님이 예비하신 만남을 통해 회한의 풍랑을 헤쳐 나오면서 나의 후반부 인생을 새롭게 출발했다. 마음속에는 이웃에게 이 기쁜 소식을 전해야겠다는 생각이 심어졌다. 그 여정에서 단순, 반복,지속의 전도 교육을 전수 받을 수 있도록 하나님은 참 목자를 만나는 은혜를 부어주셨다.

12세 때 소년 가장이 되었을 때도 하나님은 내게 길을 보여 주셨다. 그러나 일찍이 그 길을 인도할 전도자를 만나지 못했음을 알게 되었다. 그런 까닭에 지금은 오직 '사람을 낚는 어부'가 되기 위해 몸부림치고 있다. 온전히 은혜임을 고백한다. '예수 만난 인생 대박이고, 예수 모르는 인생 쪽박'임을 전하고 있다.

　나의 소원은 첫 째도, 둘째도 한결 같다. 내가 만난 사람들과 반드시 천국에서 다시 만나 천국공동체에서 하나님과 함께 영원토록 사는 것이다.

그러므로 누구든지
나의 이 말을 듣고 행하는
자는 그 집을 반석 위에 지은
지혜로운 사람 같으리니
마태복음 7장 24절

간증 Ⅱ

성경에서 자녀는 하나님께서 주신 상급이요 기업이라 했습니다. 자녀를 위해서라면 부모는 모든 것을 내려놓기도 하고 쏟아 붓기도 합니다. 그런 값진 사랑을 할 수 있는 것은 오직 부모가 되는 축복이 있었기에 가능한 것입니다. 그렇다면 자녀를 어떻게 지도하고 도와주어야 할까요. 무엇이 진정 자녀를 위한 선물일까요?

부모가 해주어야 할 가장 큰 선물은 자녀를 위한 기도입니다. 기도는 전능하신 하나님께 모든 것을 맡기고 다시 하나님께 구하는 하나님과의 대화입니다. 저는 그동안 끊임없이 아이들을 위한 기도를 해왔습니다. 무한대의 꿈을 꾸며 성장하는 아이들이 저마다의 이상을 실현할 수 있도록 우리는 항상 기도해야 합니다. 자녀들을 위한 저의 기도는 늘 한결 같습니다.

1. 자녀가 평생 붙들고 살아갈 꿈을 갖기를 희망합니다.
2. 자녀가 바른 가치관을 갖도록 해야 합니다.
3. 자녀가 믿음의 친구를 만나도록 기도해야 합니다.
4. 자녀가 바른 스승을 만나도록 기도해야 합니다.

5. 자녀가 믿음의 배우자를 만나도록 기도해야 합니다.

우리는 자라나는 자녀에게 '꿈쟁이'의 이상을 높여주는 부모가 되어야 합니다. 부모도 자녀와 마찬가지로 흔들리는 때가 많습니다. 그래서 모든 것을 아시는 하나님께 기도해야 합니다. 꿈의 결과가 목적인 인생은 결코 행복한 인생일 수 없습니다. 그러므로 우리의 자녀들이 꿈을 실현하는 여정에서 올바른 목적의식을 갖도록 이끌어 주어야 합니다. 중도에 그릇된 선택을 하지 않도록 올바른 가치관을 심어 주어야 합니다. 그 가치관을 하나님께서 심어주시도록 기도해야 합니다. 또한 믿음의 친구를 만날 수 있도록, 믿음 안에서 성장할 수 있는 환경을 만들어 주어야 합니다. 바른 스승과 믿음의 배우자를 만날 수 있게 하는 것도 오직 하나님께 구해야 합니다.

만남의 복은 복중의 복입니다. 하지만 우리는 우리 앞에 어떤 만남이 예비 되어 있는지 잘 모릅니다. 자녀들이 하나님께서 세워 놓으신 황금표지판을 너무 늦게 발견하지 않도록, 혹은 모른 채 살아가지 않도록 모든 것을 아시는 전능하신 하나님께 기도해야하는 것입니다.(민 14:28)

간증 Ⅲ part 04

■ 조00부장의 편지

"안녕하십니까. 장로님!

저는 30대 중반에 장로님을 만나고 나서야 하나님을 알게 되었습니다. 그 전엔 저만의 가치관이 꼿꼿이 고개를 쳐들고 있어 그 가치관을 한 순간에 바꾼다는 게 쉽지 않았습니다. 그 때 장로님께서 몇 번이고 저에게 하나님을 만날 기회를 주셨지요. 하나님을 영접하고 나서야 그 약속을 회피하고 지키지 않은 것을 많이 후회했습니다. 돌이켜 생각해 보면 그 모든 것이 하나님이 미리 계획하시고, 예비하신 일이 아닌가 싶습니다.

사실 저는 교회에 다닐 마음이 없었습니다. 장로님과의 약속을 여러 번 지키지 않은 미안함 때문에, 한번은 나가드려야겠다는 마음에 나간 것이었습니다.

하지만 예배를 드릴 때 제 마음이 조금씩 변하기 시작했습니다. 그 많은 사람들이 하나님을 믿으며 일요일마다 예배를 드리는 이유가 있을 것이라는 생각이 들었습니다. 그리고 목사님의 설교가 너무나 재미있었습니다. 처음 듣는 설교였지만 '하나님의 말씀을 저렇게 재미있게 들려주시는 목사님이 있었어?'하는 마음에 좋았던 것 같습니다. 이렇게 유익한 말씀이라면 주일마다 나와서 듣는 것도 좋을 것 같다는 생각이 들었습니다. 물론 이런 생각의 밑바탕에는 장로님이 저에게 끊임없이 베풀어주신 관심과 사랑이 있었기 때문이었습니다.

그 때까지 무교로 살아온 저는 종교를 가져봐야겠다는 생각을 단 한 번도 해 본적이 없었습니다. 그런데 교회에 나간 후 다음 주일을 약속하고 집에 돌아와 성경책을 읽기 시작했습니다. 하지만, 창세기부터 글을 읽기만 할 뿐 그 내용이 크게 와 닿지는 않았습니다. 그래도 주일마다 교회를 나가기 시작했습니다.

목사님의 설교를 듣는 것이 좋았습니다.

어느 날 장로님이 점심을 같이 먹자고 하셨습니다. 그런데 음식점이 나올만한 곳으로 가는 것이 아니라, 자꾸 주택가로 가는 것이었습니다. '어디지?' 의문이 커질 때쯤 도착한 곳은 장로님 댁이었습니다. 집으로 초대해주시고, 손수 식사대접까지 해주시고, 저는 감동을 받을 수밖에 없었습니다. 자주 만나는 사람이니까 나에게 전도하시나보다 생각했었는데, 그렇게까지 신경 써 주실 줄 몰랐기 때문입니다. 장로님 댁에서 권사님과 자제분을 알게 되었지요. 가족들 간에 사랑이 넘치고 너무나 화목해 보였습니다. '하나님의 자녀가 되면 이렇게 화목한 가정을 누릴 수 있구나.'라는 생각이 들었습니다. 이 권사님께서 미혼인 제게 만남을 주선해주시겠다고 하셨지요. 그녀는 장로님 댁의 아파트 아래층에 사는 참한 아가씨였습니다. 지금은 저의 사랑스런 아내이자 승현의 엄마가 되었지요. 여기서 또 한 번 하나님의 역사를 느끼게 되었습니다. 우리는 만난 지 2주일 만에 서로 결혼하자고 약속을 했습니다. 처음 만날 때부터 이런 여자라면 평생을 함께해도 되겠다는 생각이 들었습니다. 교회도 늘 같이 가고 서로의 생각도 같고, 알아갈수록 천생연분이라는 생각이 더욱 더 커져갔습니다. 더욱이 장모님의 병환 때문에 빨리 결혼하기로 했습니다.

지금 돌이켜 보건대, 한 치의 오차도 없이 일사천리로 순조롭게 결혼을 진행할 수 있었던 것은, 하나님의 역사가 아니면 있을 수 없는 일이었습니다.

드디어 2011년 2월 26일, 저희의 결혼식 날이 왔습니다. 장로님의 주례로 동산교회에서 식을 올렸지요. 결혼 후 하나님의 또 다른 선물은 저희의 2세인 승현이가 곧바로 생긴 것입니다. 저에게 하나님과 그녀와 그리고 승현이를 함께 보내주신 것에 늘 감사하고 있습니다. 하나님의 자녀가 된 것이 제 인생 최고의 자랑입니다.

저희에게 이런 큰 사랑을 받을 수 있는 기회를 주신 장로님을 본받아 열심히 전도하고 있습니다. 아들 승현이 친구와 친구 부모님들에게 전도하고 있습니다만, 아직 믿음이 모자라서 어려울 때도 많습니다. 하지만 제가 받은 사랑을 생각하면서 주변 분들이 하나님의 사랑을 받을 수 있도록 열심히 전도하겠습니다. 제가 아는 모든 분들이 하나님의 자녀가 되는 그 날까지 열심히 전도하며 살겠습니다. 아멘.

■ 강문준 장로의 현장 증언

2010년 12월 19일 주일 3부 예배.

아침부터 하늘이 약간 흐리긴 하나 온화한 날씨다. 오늘의 일정이 기대 반 걱정 반이다. 초조하게 기다리던 시간이 지나고 나니, 곧이어 조바심의 시간이 다가왔다. 그때 미끄러지듯 차 한 대가 들어왔다. 주차 안내 팀이 움직이고 엘리베이터에 대기 중이던 섬김이가 민첩하게 1층 하늘정원으로 손님을 안내했다. 이어 정갈한 옷을 입고 대기 중이던 안내요원들이 부지런히 움직인다. 또 다시 자동차가 들어오고 줄지어 두 대, 세 대, 연이어 들어온다. 많은 섬김이들이 각기 맡은 바를 충실히 수행한다.

10월 어느 날, 정 장로께서 12월에 있을 전도결산 잔치에 봉사를 요청해 왔다. 그 행사가 있기 1년 전인 2009년 장로회 월례회 때, 정 장로의 말씀에 매료된 적이 있었다. 그날은 장로회 월례회에서 정 장로가 말씀을 증거하게 되었다. 다른 사람들은 성경 한 구절을 읽고 간단히 말씀을 해석하면서 마쳤는데, 정 장로의 발표는 전혀 달랐다. 마치 전쟁터에 나가는 장수 같은 결연한 모습으로 후반부 삶을 어떻게 꾸려갈 것인지를 선포하는 것이었다.

나이 60을 눈앞에 둔 시점에서 인생의 방향을 수정하겠다는 고백, 하나님의 부르심에 순종하며 제자의 삶을 열어가겠노라는 결의에 찬 선포였다.

그 후 정 장로는 매일 매일 기도하며 계획하며 전도하는 전도자로 완전히 변해가는 모습을 보였다. 매주 가족들을 인도하는 모습이 자주 보일 정도였다. 주보에는 정 장로님의 새 가족 전도여정 결과보고가 대부분을 차지했다.

그러더니 2010년 12월엔 한 해 동안의 전도결산을 하겠다는 것이다. 나는 안내봉사로 동참하기로 했다. 우선 많은 비용과 계획이 문제일 거라고 생각되나, 장로님은 걱정근심 없이 준비에만 전념하고 있었다. 처음부터 끝까지 준비도 치밀했다. 드디어 그의 그런 마음이, 그 생각이 결실을 맺어 강단 앞 오른쪽 옆 좌석이 채워졌다.

모두 합하여 148명.

"우와!"

이처럼, 귀한 분들이 자리를 가득 채우고 있는 것을 보면서 동역하던 모든섬김이들도 그 장엄한 광경에 놀라워했다. 그때의 감격을 무어라 표현해야 할까? 수십 년간 신앙생활을 해오면서 그런 감동은 처음이었다.

결산잔치 예정일을 몇 주 앞두고 우리는 매주 모여서 VIP(예비자)들 이름을 불러가며 기도하는 시간을 가졌다. 그리고 날씨와 일정을 기도하며 찬양하고 또 섬김이 소집을 하고 각자 소임을 맡기고 리허설을 했다. 그는 위대한 능력자에게 붙잡힌 도구인양, 시간, 정성, 물질을 포함해 그의 모든 열정을 불살랐다. 사역이 이같이 아름다운 결실로 우리의 눈앞에 펼쳐지다니, 과연 하나님은 위대한 분이시라는 것을 느낄 수 있었다.

또 많은 섬김이들은 그날의 감동을 오래 간직할 것이다. 이렇게 조건 없는 선한싸움에 하나님이 주인이 되셔서 모든 일을 형통케 하시며 최후 승리의 깃발을 높이 들게 하리라. 그로부터 6년이 지난 지금도 더 섬세한 전략으로 전도행전을 써 나가고 있는 정재준 장로의 모습을 보면서, 나도 인생 후반부를 전도자의 삶으로 정비해가고 있다.

■ 이은정 권사의 편지 : 복음화 불씨의 기적을 보았습니다

2011년 어느 이른 여름 날, 한 통의 전화를 받았습니다. 정재준 장로님께서 준비하고 있는 '기업인 초청 전도행사'가 있는데, 봉사총괄 팀장으로 도와주시면 좋겠다는 부탁이었습니다. 전도대상자인 기업인 가족 600여 명을 초청해서 복음을 전하는 행사라고 하셨습니다. 순간 의아해 했습니다. 동산교회가 주최하는 것도 아니고, 개인이 단독으로 600명을 초청한다는 것에 놀랐기 때문입니다. 좀 위험한 도전 같았습니다. 하지만 장로님의 전도열정과 확신에 찬 말씀에 기꺼이 동역하기로 했습니다.

행사는 12월이었지만, 우리는 7월부터 준비에 들어갔습니다. 처음엔 봉사분야 몇몇 준비팀장을 중심으로 기도회를 시작하였습니다. 그러면서 이 행사는 결코 한두 번 스쳐간 생각으로 추진하는 게 아니라는 것을 알게 되었습니다. 장로님께서는 이미 오래전부터 600여 명의 전도대상자들에 대한 기도제목과 자녀들 이름과 학년까지 빼곡히 적은 수첩을 보며 기도하는데, 신년 초에는 오산리 기도원에서 금식하며 기도하셨다고 하셨습니다. 그리고 12월까지 그들을 최소 10번은 만나기로 하셨다는 것입니다.

철저한 계획아래 준비하는 전도 잔치는 참으로 놀라웠습니다. 이렇게 발품 파는 전도방법에 어느 누가 감동하지 않을 수 있을까 하는 확신이 들었습니다. 공단의 중심기업인들을 공략하는 전도전략은 핵폭탄과 같은 놀라운 위력이 있을 것이라는 확신이 들었습니다.

행사 3개월 전부터는 장로님의 전도보고와 진행과정을 함께 나누며 초청자 600여 명이 모두 올 수 있는 마음을 열어주시고 날씨가 훼방꾼이 되지 않게 해달라고 동역자 70인은 함께 기도했습니다.

드디어 행사 당일, 기도의 응답처럼 날씨는 봄날 같이 따뜻했습니다. 이른 시간부터 하나 둘 초대받은 분들이 가족과 함께 오기 시작하더니, 행사시작 전에 이미 수백 명이 넘는 분들이 몰려왔습니다. 그분들의 표정을 보며 제 심장은 감격으로 쿵쿵 뛰었습니다. 혹여 자리가 모자라면 어쩌나 하는 걱정이 될 정도로 900석의 1층 '큰숲홀'이 점점 채워져 갔습니다. 봉사자들은 설렘과 기쁨과 감격을 애써 누르며 섬세하게 움직였습니다.

장로님의 사회로 '기업인 초청행사'가 음악과 노래로 오픈되었고, 특히 온몸으로 연주하는 바이얼리니스트 박지혜의 성탄연주는 관중들을 한 순간에 매료시킬 정도로 아름다운 연주였습니다. 이어서 김인중 담임목사님의 말씀 시간이었습니다. 단상에 나오는 목사님을 보고 모두 탄성을 지르며 환호했습니다. 교회에 나온 것이 낯선 분들을 위해 백구두를 신은 백사장님 코스프레 패션, 흰 양복에 빨강 넥타이를 매고 등장하셨기 때문입니다. 흰 옷을 입은 목사님의 패션만으로도 좌중의 마음의 문이 활짝 열렸던 것입니다. 목사님이 5세 때 화투를 배웠다는 것부터 시작하니 폭소가 터지고, 예수님을 믿으면서 인생이 바뀌었다는 간증과 목사님의 사영리가 선포되었습니다. 기업인들과 가족들은 매우 진지하게 들었으며, 눈시울을 적시는 분들도 있었습니다.

식당은 자리마다 호텔처럼 꾸몄습니다. 650인분의 뷔페를 준비했음에도 식사가 부족할 정도로 풍성한 잔칫날이었습니다. 돌아가시는 초청대상자 분들에게 책과 바이얼린CD와 찬양CD를 드렸습니다. 참석자들은 이렇게까지 정성스럽게 준비하고 대접할 줄은 몰랐다며 교회가 듣던 것과 다르다면서 고마움을 전했습니다.

그날 정 장로님은 하나님의 부르심에 순종하고 복음을 전하는 '전도에 붙잡힌 자'의 모습이었습니다. 공단을 복음화 시키려는 사명을 안고 겁도 없이 600명을 초대했고, 동역했던 저는 기적의 현장을 경험했습니다. '순종하여 채우심을 믿고 오직 기도한다.'고 하셨던 기업인 초청행사는 주님의 세밀한 간섭하심을 경험하는 잔치였습니다. 그런 자리에 동역할 수 있었던 것에 감사드리며 모든 영광을 하나님께 올립니다.

그 후로도 장로님은 교구 안에서 장기 미결자를 회복시키기 위한 잔치를 여시더니, 지금도 여전히 전도자의 삶을 진행하고 계십니다. 이제는 열방을 향해 빵과 복음을 들고 글로벌 NGO대표로서 선교본부를 세우고 계시는 모습(행전1:8)이 예루살렘과 온 유대와사마리와 땅 끝까지 이르게 하신다는 말씀이 응하는 현장을 보는 것 같아, 감동과 전율을 느끼고 있습니다. 흡사 성령님의 일하심을 보고 있는 것 같습니다. 할렐루야!

■ 조미숙 님의 현장 증언 : CBMC 초청행사 참석 소감

처음으로 CBMC 실업인 '전도초청잔치' 행사에 참석하게 되었습니다. 평소 이 모임의 성격을 대략은 알고 있었으나, 구체적으로 어떤 활동을 하며 모임이 어떻게 이루어지는 지는 전혀 몰랐습니다. 이 자리에 믿음이 없는 남편과 함께 참석하게 되었는데, 이번 모임을 통해 많은 것을 알게 되었습니다.

삶의 전장에서 애쓰는 가장들의 마음도 어루만져 주면서 기독교 기업의 정체성을 잃지 않기 위해 노력하는 모습들을 볼 수 있었습니다. 전쟁터와 같은 일터에서 당장의 손해를 감수하고서라도 하나님의 말씀대로 기업을 운영하고자 하는 반석과 같은 믿음의 가장들을 보면서 든든한 마음도 들었습니다.

하나님이 기업의 주인이시고 하나님이 기업을 이끌어 가신다는 믿음이 없으면, 도저히 하나님의 방법으로 기업을 운영할 순 없겠다는 생각이 들었습니다. 그러기에 더욱 믿음이 필요한 현장이 바로 일하는 현장이라는 생각이 들었습니다. 믿음으로 기업을 운영한다고 결심을 해도 나 혼자로서는 한계가 있을 것입니다. 그럴 때 같은 길을 가는 실업인 선교회 회원들의 기도와 위로가 큰 힘이 되어줄 것이라는 생각이 듭니다. 때로는 흔들릴 때 쓰러지지 않도록 일으켜주는, 그래서 다시 믿음으로 일어서게 하는 곳이 바로 이 곳이라는 생각이 듭니다.

전체적인 모임을 통해 하나님의 비전을 보았습니다. 실업인 선교회를 통해 하나님께서 땅 끝까지 복음을 전하리라는 비전 말입니다. 하나하나의 기업, 그 안에 믿음의 CEO들을 통해 그 일이 이루어질 것을 확신합니다.

너를 낮추시며 너를 주리게 하시며
또 너도 알지 못하며 네 조상들도
알지 못하던 만나를 네게 먹이신 것은
사람이 떡으로만 사는 것이 아니요
여호와의 입에서 나오는 모든 말씀으로
사는 줄을 네가 알게 하려 하심이라
신명기 8장 3절

chapter 05

하나님의 온화한 약속

.
.
.

하나님의 계획표
김인중 목사님과 나
오병이어? 오병이어!

part 01 하나님의 계획표

하나님께서 우리에게 주신 복중에 가장 큰 복은 만남의 복이다. 우리는 자신의 의지와 상관없이 부모와의 만남을 시작으로 삶의 무대에 들어선다. 삶을 영위하는 동안 스승과 친구, 연인과 이웃, 사회에서 수직 또는 수평적인 만남이 셀 수 없이 이루어진다. 그 만남이 어떤 만남으로 이어지느냐에 따라 인생의 행불행이 결정된다 해도 과언이 아니다.

나는 아버지와의 만남이 12년을 끝으로 마감하는 바람에 소년시절은 한순간에 사라지고 생존경쟁에 뛰어든 생활전사가 되었다. 그러나 인생의 굴곡진 고비마다에 꼭 필요한 사람을 만나는 만남의 복을 하나님께서 주셨다.

영광군의 작은 시골에서 광주로 진출할 수 있도록 연결해주신 살레지오 고등학교 김종희 교감선생님, 내가 공부할 수 있도록 장학금을 주신 화인약업사 이화인사장님, 믿음을 시작할 수 있게 이끌어주신 대전 산정현교회 이상오 목사님, 안동서문교회 김기중 목사님과 윤재수 목사님이 내 삶과 신앙여정에 하나님께서 주신 귀한 만남이다. 특별히 사람을 낚는 어부가 되도록 도움을 주신 분은 김인중 목사님이다. 목사님과의 첫 만남은 1995년 1월 안동서문교회에서 목사님을 부흥강사로 초청하면서 이뤄졌다.

안동서문교회는 나에게는 母교회나 다름없다. 교회건축 후 개업한 법무사 사무실이 승승장구 일로를 걷던 어느 날 꿈을 꾸었다. 그동안 잊고 있던 김인중 목사님이 설교하는 자리에서 내가 예배를 드리고 있는 꿈이었다. 주일 저녁에도 월요일 새벽기도 후 잠시 청한 쪽잠에서도 계속 같은 꿈을 꾸었다. 하나님께서 지시하는 도시가 안산이구나 하는 믿음이 굳어졌다. 안산에 올라가서 사무실과 주택을 계약했다. 며칠 후 안동 담임목사님께 전 후 사정을 말씀드리기 위해 식사자리를 만들었다.

"목사님, 제가 안동을 떠나 안산으로 가야할 것 같습니다."
예상치 못한 대답이 돌아왔다.
"아니 여길 떠나신다고요?"
숟가락을 놓고 나가시는 목사님께 자초지종을 설명할 겨를도 없이 헤어졌다. 내가 부흥강사로 오셨던 목사님을 따라가는 줄로 오해하셨던 것이다. 사실 나는 이사를 결정하기 훨씬 전부터 교회의 분열로 너무나 큰 충격과 아픔을 겪고 있었다. 그즈음 기도 중에 새로운 곳으로 가라는 하나님의 음성을 여러 차례 들었다.

"이곳에서 10년 세월을 살면서 한창 자리를 잡아가고 있는데, 어디로 가야 합니까? 하나님!"

우리 가족이 이사하려고 결정했을 무렵, 안산지역엔 법원이 없어서 염두에 두지 않았었다. 더구나 법무사 사무실 운영이 번듯한 궤도에 올라있던 때여서 내심 이사를 결정하기가 쉽지 않았다. 주말마다 법원이 있는 수원과 용인 등지를 돌아보며 이사할 곳을 물색했지만, 마음은 여전히 안동에 있었다.

때마침, 부천에 새로운 법원이 개원될 예정이라는 소식이 들려왔다. 그 소식을 접하고 나서 부천으로 법무사 사무실을 이전할 계획을 세웠다. 그런데 마땅한 사무실을 찾는 일이 여러 번 어그러져서 그냥 주저앉을까도 했었다. 그런데 자꾸만 새로운 터전으로 가라는 음성이 들려왔다. 그리고는 김인중 목사님 꿈을 여러 번 꾸었던 것이다.

그간에 있었던 일을 목사님께 세세히 말씀드리지 못한 것이 작은 오해를 불러일으킨 것 같았다. 목사님이 서운해 하시는 것을 보면서 마음속으로는 그동안 부족한 나를 많이 믿어 주셨다는 위로가 왔다. 하나님께서 하시는 일이시면 교회와 모든 성도들로부터 환송 축복을 받고 떠나게 해달라고 기도만 했다. 일주일 후 목사님의 밝은 음성이 수화기 너머로 들려왔다.

"교회가 장로님 출발을 기쁘게 환송하기로 했습니다."

그 전화 통화 이후 부동산과 사업장 정리가 20일 만에 완료되어 1995년 10월 28일 안산으로 이주하게 되었다.

김인중 목사님과 나 part 02

1997년 말, 안산 동산교회는 외지에서 온 장로를 시무장로로 취임시키기 위한 첫 신임 투표를 실시했다. 앞서 오신 두 분의 장로님과 함께 1997년 말부터 시무장로로 취임하여, 교육, 선교, 복지, 교구사역을 담당하였다. 그 때부터 현재까지 어언 20년 동안 김인중 목사님의 지도 속에 신앙인으로 살아가고 있다.

목사님의 열정은 특별하다. 하나님을 향해 걸어가시는 믿음은 시종일관 흔들림이 없다. 영성은 순수함이 넘쳐난다. 불순물이 제거된 정화수 같은 맛이다. 꾸밈이 없고 아버지 마음으로 달구어진 메시지엔 진성성이 담겨있다. 교회 운영의 투명성은 교계와 인간사회 조직에서 텍스트모델로 삼을 만큼 타의 귀감이 되고 있다. 교회의 재정은 말할 것도 없고 삶이 투명하다. 그런 원칙을 고수한 리더십이 건강한 교회를 세운 비결이다.

김인중 목사님은 내게 영적 아버지이시며 스승이다. 목사님은 설교에서 늘 '복음의 능력', '성령의 능력'을 경험하며 살 것을 주문한다. 그 능력을 경험하는 것이 전도라는 것을 수 없이 강조해 왔다. 나는 목사님의 뜨거운 설교를 들을 때마다 전도를 포기한 '전포자'가 되지 않으리라 다짐했다. 끊임없이 도전해 보리라는 전도자로서의 전도 근력도 다진다.

예비전도자의 '예비'라는 수식어를 걷어내기까지는 주님을 영접하고 나서도 20년이 넘는 세월이 걸렸다. 20년 방황의 끝, 거기에 목사님과의 만남이 있었다. 목사님의 목회열정을 더 깊이 흠모하게 된 것은 목사님의 저서 〈행복한 전도자〉와 〈아버지 마음〉이란 책을 읽으면서다.

나는 목사님으로부터 무한 신뢰를 받았다. 그런데 중도에 골프를 시작하면서 골프중독에 빠져 '골신자'가 되었다. 비즈니스에 도움이 된다는 말에 홀려서 시작한 골프는 나를 영적 사사기로 접어들게 했다. 더불어 가족들과 목사님께 실망과 배신감을 남겼다. 목사님은 나를 위해 금식하며 기도했다. 내가 5년의 방황을 끝내고 새 인생을 시작 할 수 있었던 결정적 계기는 목사님의 기도와 지도, 그리고 격려 덕분이다. 그 때부터 나는 목사님과 감출 것이 없는 관계가 되었다.

2012년, 전도여정 3년째 되던 해에 달팽이관에 이상이 생겼다. 병원치료도 소용이 없었다. 영적 쓴 뿌리가 소멸되지 않은 것만 같았다. 그 어지럼증으로 고통 받을 때 목사님의 안수 기도로 즉시 고침을 받았다.

나의 전도 여정에서 전도되어 나오는 새 성도들을 목사님께 소개해서 4영리 고수인 목사님으로부터 4영리를 접하게 했다. 그리하여 다양한 사람을 5분 또는 10분 안에 주님을 영접케 하는 목사님의 능력을 3년 동안 배웠다. 이런 기회를 갖게 된 것은 전도자가 누리는 또 하나의 축복이다. 내가 누구를 만나든 쫄지 않고 30초, 3분, 10분 안에 주님을 전하는 비법을 목사님으로부터 배운 것이다.

나는 또 목사님께서 빨간색 수첩 속에 전도 대상자를 기록하고 기도하는 것을 보고 기록하는 것을 모방했다. 수첩의 사용을 한층 진전시켜 관계전도를 지속적으로 이어가게 하는 복음의 도구로 사용하고 있다.

나는 VIP(예비자)가족을 기록하고 이름을 불러가며 기도한다. 섬김을 기록하기 때문에 많은 사람들을 전도해도 개개인마다 무엇을 나누었는지를 금방 알 수가 있다. 기록만이 동일한 나눔을 피하고 상대방을 진정으로 감동시킬 수 있는 기초를 쌓아갈 수 있게 한다. 누군가 나에게 전도비결을 묻는다면, '기록'이라고 자신 있게 답한다.

김인중 목사님은 2011년도에 발간한 〈성령에 붙잡힌 전도자〉라는 책 132p에서 부족한 나를 '전도에 관한 嫡子'(적자)라고 선포하셨다. 나의 적나라한 행적을 알고 있는 목사님께서 그 표현을 기록 할 때 많은 생각이 교차했으리라. 그러나 나에게 있어 그 기록은 무한한 신뢰를 받은 황금표지판이다. 나는 목사님의 강한 지지와 격려 속에 관계전도와 온 가족초청 전도, 맞춤전도를 지속적으로 하고 있다.

'전도의 달인', '성령의 뜨거운 전령사' 김인중 목사님의 전도에 관한 지론은 '코밑이 즐거워야 마음 문이 열린다.'이다. 목사님은 누구를 만나든지 쉽고 간결하게 풀어 설명한다. 물론 개개인의 사정에 맞는 배려도 잊지 않는다. 따듯하지만 명료함을 잃지 않는 말씀으로 인해 목사님이 영접기도를 권할 때 그것을 거부하는 사람은 거의 없었다. 나는 사람들이 목사님의 4영리 전도를 받아들이는 광경을 목격할 때마다 매번 성령이 역사하는 전율을 느낀다.

　모방은 창조의 산물이다. 이 세상에 존재하는 것들 중 오직 성경 말씀만이 창조라 할 수 있다. 전도자에게 가장 중요한 아버지 마음과 열정을 목사님으로부터 전수받는 나는 행복한 모방자다. 나는 성령님으로부터 위로받으며 전도여정을 가고 있기에 환희에 차 있다.

　투명한 목회자의 길을 걸어오신 김인중 목사님은 공식 은퇴일 보다 3년을 앞 당겨 2016년 6월에 은퇴할 예정이다.

오병이어? part
오병이어! 03

    전도는 불특정 다수를 향한 노방전도, 방문전도, 부침개전도, 전철전도가 있다. 나는 관계 속에서 복음을 나누고자 했기 때문에 말씀과 설교를 통해 얻은 지식을 토대로 전도하기로 했다.

    김인중 목사님은 단순, 반복, 지속의 전도를 지향한다. 목사님에게서 4영리를 통한 전도를 받고 주님을 영접하게 되었다는 간증을 수없이 들어 알고 있었다. 그 간증을 들으면서 내심으로는 목자가 행한 일이니 당연한 결과라고 생각했다.

    기실 나는 은근히 자만심이 가득 찬 삶을 살아왔다. '서당개 3년이면 풍월을 읊는다'는데, 전도라는 것도 내가 세상에서 익힌 얄팍한 지식에 성경 말씀만 사뿐히 얹으면 충분할 것 같았다. 더구나 여남은 살 어린 나이 때부터 독학으로 나의 꿈을 이뤄왔지 않았던가. 그뿐만이 아니라, 안동에서는 건축에 관한 아무런 지식 없이 직접 시공하는 교회 건축을 총감독하여 완공시킨 적도 있었다. 그동안 수없이 많은 고비를 겪으며 맨 땅에 헤딩으로 못 이룬 것이 없었다는 자만심에 사로잡혀 전도사역도 나 혼자만의 능력으로 이루리라는 교만이 고개를 쳐들었다. 이 자만심으로 인해 1년 동안 열심히 전도를 했다. 하지만 단

한 사람도 나의 전도에 응한 사람이 없었다.

또한 지금까지 법무사로 일해 온 시간을 돌아보노라니 무수한 사람들이 스치고 지나갔다. 주님은 내게 그리도 많은 물고기를 보내 주셨지만 나는 한 마리도 낚지 못하고 다 놓쳤다는 사실을 깨달았다. 통곡할 노릇이다. 기도원에서 전도하며 살겠다고 서원한 지 20년이나 흐른 후에 얻게 된 깨달음이었다. '강산이 두 번이나 바뀌는 세월을 허비하고 이제야 시작하려 하는구나.' 하는 후회가 밀려와 울부짖음을 멈출 수가 없었다.

나는 객지나 다름없는 안산에서 법무사 사무실을 운영하는 것이 하나님 일과 어떤 연관이 있는지, 내가 이 길을 가게 된 것에는 또 어떤 의미가 숨어있는지를 깨닫지 못한 채 살아왔다. 기업인들을 만나러 십수 년 동안이나 공단을 오가면서도 업무상 만나는 고객으로만 생각했을 뿐이었다. 하루에도 십 수번씩 드나들던 관공서와 은행에서 만나는 사람들은 또 어떤 의미로 예비해 두셨는지 전혀 알지 못했다. 그저 세속적인 성공에 들떠 나의 의지를 앞세우며 살아왔었다.

하나님께서는 오래 전부터 내 일터와 내가 다니는 길에 황금표지판을 설치해 두셨다. 교만으로 가득 차있던 나는 그 길을 늘 오가면서도 그 찬란한 표지판을 보지 못했다. 그 표지판을 따라 걷는 것이 얼마나 큰 축복인지 미처 깨닫지 못했던 것이다. 뼈아픈 1년간의 실패 끝에 하나님 나라를 세우는 일보다 나의 공명심에 집착해왔다는 것을 깨닫게 되었다.

"사람을 낚는 어부가 되리라." 작정하고 실행했지만 실패를 경험한 뒤에야 주님을 의지하게 되었다. 그러자 비로소 표지판이 보이기 시작했다.

마가복음에 나오는, '하늘나라는 밭에 감춰진 보화 같다.'(막13:44)는 말씀을 새기며 보화가 숨겨진 밭을 사들이기 위해 내가 가진 모든 것, 즉 영적인 것이나 물질적인 것을 아끼지 않아야 한다는 각오를 새로이 했다. 비록 나의 첫 걸음이 다섯 개의 보리떡과 두 마리의 물고기뿐인 '오병이어'에 불과했을 지라도 능히 오천, 오만, 오억의 사람을 먹여 살리는 하나님의 '오병이어의 기적'이 나타나리라는 것을 믿어 의심치 않았다.

유대인의 왕으로 나신이가
어디계시냐 우리가
동방에서 그의 별을 보고
그에게 경배하러 왔노라하니

마태복음 2장 2절

홍해의 이편, 홍해의 저편

part 01 어둠 속으로

1995년 10월 28일 안산에 정착하여 법무사 사무실을 운영하면서 많은 사람들을 만 났다. 그런데 그 귀한 만남들을 단순한 의뢰인으로만 여기며 살아왔다. 일이 마무리되면, '맡겨주셔서 감사합니다.' '안녕히 가십시오.' 등 상투적인 인사만 건넸다. 그 때 하루 한 명씩만 붙들고 복음을 나누었어도 최소 수 천명은 넘었을 것이라는 후회가 밀려왔다.

고객 중에는 다양한 직분을 가진 믿음의 가족이 법률상담이나 사건을 의뢰하기 위해 찾아오는 경우가 종종 있다. 그 사람들과는 돈독하게 이야기를 나누었다. 그런데 그렇지 않은 사람들과는 사무적으로 일을 끝냈던 것이다.

그럼에도 불구하고 우리 사무실은 업무처리가 정확하고 빠르다는 소문이 나서 동종업계에서 제법 알아주는 사무실이 되었다. 그리하여 법무사 한 사람을 더 초빙하여 직원 10명이 넘는 기업형 법무사무실을 운영하기에 이르렀다. 나와 상담을 원하는 사람은 사전에 예약을 해야 했다.

사무실 경영실적이 최고 정점에 이르렀을 때 누군가로부터 기업인들과 지속적인 비즈니스를 하려면 골프만한 운동이 없다는 얘기를 들었다. 건강도 지키고 사업에도 도움이 된다니 귀가 솔깃해졌다. 테니스 마니아였던 나는 순식간에 골프중독자가 되어갔다. 나름 멋있는 골퍼가 되기 위해 일단 무언가 시작했다하면 일직선으로 돌진하는 기질을 유감없이 발휘했다.

"이왕 할 바에야 잘 하자, 초록 잔디위에서 굿 샷을 날리고 멋지게 걸어가야지, 내가 샷을 잘못 날려 일행에게 누를 끼치면 안 되지."

새벽과 저녁에 연습장에서 볼을 때리기 시작했다. 코치가 시키는 대로 착실히 6개월 연습 과정을 마치고 드디어 첫 라운딩을 나갔다.

소년가장에서 시작하여 공무원 생활을 했었다. 그렇지만 여유로운 마음으로 자연을 바라보며 초록 잔디를 밟는 것은 내 생에 처음이었다. 마치 양탄자 위를 걷는 귀공자가 된 것 같은 착각이 들 정도였다. 여타의 예비단계 없이 곧바로 상류놀음에 진입한 나는 심장이 두근거려 잠을 못 이룰 지경이었다.

"당신은 목소리만큼 골프에 천부적 소질이 있네요."
"법무사님, 매너도 짱이십니다. 대체 어디에 있다가 이제 왔습니까?"

말쑥하게 차려입은 사람들, 풍요가 주는 여유로움, 그런 이들에게서 늘 칭찬과 격려를 받다 보니, 꿈속에서 노니는 기분이었다. 게다가 나는 1년 6개월 만에 대회에서 75타 기록을 세웠다. 3년이 지나자 이

븐파에 이어 240명이 참가한 대회에서 -3으로 최우수 메달리스트 골퍼가 되었다. 상류놀음에서도 단연 으뜸이었으니, 발아래 세상일에 관심을 둘 이유가 없었다.

일주일에 반 이상의 시간을 골프에 할애했다. 주말엔 열에 아홉 날을 필드에서 보냈다. 명목은 비즈니스였다. 최고의 서비스를 받을 수 있는 수억 원대의 VIP회원권도 주저 없이 구입했다.

어느 날 필드에 나가려는데, 아내의 만류가 자꾸 마음에 걸렸다. 그날의 약속은 은행지점장과 중견기업인들과 이미 2~3개월 전에 정했던 터였다. 그러니 지금 이 약속을 지키는 것은 사회인으로서 신의를 지키는 일이라며 스스로 위안을 삼았다. 마치 알코올중독자가 다른 사람을 파는 것처럼, 모든 것을 비즈니스라는 명목으로 내 자신에게 둘러댔다. 점점 더 아내나 목사님의 말이 귀에 들어오지 않게 되어갔다. 집밖으로 유인하는 사탄의 속삭임에 계속 더 마음을 빼앗겼다. 그렇게 우물 안 개구리처럼 사느니, 넓은 세상에서 하고 싶은 것 마음대로 펼치며 살아보라는 속삭임에 나를 맡겼다.

어둠 속에서 part 02

사업장이 한창 잘 나갈 때인 내 나이 쉰 살에 골프의 블랙홀로 정신 없이 빠져들었다. 그리하여 5년간의 영적 암흑기가 찾아왔다. 그 암흑기에 가장 무서운 일을 벌이고 말았다. 부조리한 유희에 눈이 멀게 된 나는 점점 더 나락으로 빠져들고 정상적인 생활과는 거리가 먼 방탕의 길로 접어들었던 것이다.

골프중독, 소위 골바람은 나를 골신자(골칫덩이 신앙인)로 만들었다. 골프로부터 시작된 탈선은 자연스레 하루살이 같은 삶속으로 나를 잡아끌었다. 하나님의 임재를 잊은 채 보다 더 향상(?)된 오락에 빠져 들었다. 나이 오십을 지천명이라 하지 않던가. 이미 하나님이 기뻐하시는 길을 흔들림 없이 가야 할 불혹의 나이보다 열 살이나 더 먹은 때에 철부지 같은 객기를 또 부려댔던 것이다. 그 과정 속에서 회복을 통해 인생 후반전을 다시 출발 할 수 있었던 것은 아내의 기도와 용서였다. 하지만 내 마음 한구석에서 들려오는 또 다른 음성을 극복하기가 어려웠다.

"벼룩도 낯짝이 있지."

죄책감과 좌절감, 열등감이 나를 짓누르고 있었다.

"어떻게 고개를 들고 살아야 할지 모르겠습니다, 목사님."

"정 장로님, 우선 아내에게 무조건 비십시오. 그리고 하나님께 용서를 구하세요."

목사님은 먼저 목자가 아닌 인생 선배로서 인간의 도리를 짚어 주며 위로해 주셨다. 나 스스로 하나님과 원수가 된 자였지만, 하나님께서는 아내와 목사님의 금식기도를 들으시고 긍휼로 나를 덮으셨다. 그로부터 3년의 회복 기간 동안 하나님은 내 영혼의 집을 재설계해 주셨다.

나는 살아오는 동안 무수한 시행착오와 어리석은 행동을 반복했다. 돌이킬 수 없는 과오를 저질렀을 때에도 아내의 기도와 목자의 인도로 하나님 앞에 다시 설 수 있었다. 하지만 내가 남긴 상흔은 그리 간단히 지울 수 있는 것이 아니라는 사실도 깨달았다. 아내가 인내해온 세월은 내가 짐작하는 것보다 훨씬 더 고통스럽고 말로 형언키 어려운 세월이었다는 것을 나는 알고 있다. 살아가는 동안 아내를 위로하는 것은 평생 숙제이기도 하다. 나는 내 과오를 늘 잊지 않고 기억하려 한다.

아내는 믿음의 선배요, 나를 지킨 파수꾼이다. 나는 아내가 또 다시 던져준 용서의 끈을 잡고 일어서게 되었다. 아내는 내 인생에서 진정으로 나를 사랑한 오직 한 여인이다. 결혼 전부터 아내는 내가 하나님께서 찾는 한 사람이 되게 해 달라고 기도해왔다. 그 기도는 결혼 후 30년이나 지나서야 응답되었다. 그때부터 나는 전도자로 새롭게 태어나게 되었다. 그것은 하나님의 반전이었다. 그 때 성령에 붙잡힌 전도자가 거기에 있었다. 어릴 적 육신의 아버지에게서 못 다 받은 훈육을 거룩한 말씀으로 양육 받도록 참 목자를 만나게 해 주셨다.

사람을 낚는 part 어부로 출항하다 02

2008년을 보내고 2009년을 맞이하는 송구영신 예배는 그 어느 해보다 설렘과 사모함이 가득한 예배였다. 나는 전도자의 사명을 띠고 출정식에 참석한 전사처럼 예배에 임했다. 심령이 변화되어야 행동이 변한다는 말씀처럼, 내 삶을 전도라는 한 방향에 목표를 두고 드리는 송구영신 예배였기에 그 감격은 다른 그 어느 때보다 컸다.

직장에서 '3% 영향력을 흘려보내자.' 이에 맞춰 목사님은 공동체가 전도의 목표를 가지고 한 해를 항해해야 하는 이유를 분명하게 제시했다. 예수그리스도의 생명수가 교회를 통해 지역에 흘러 들어가야 부패하지 않고 생명력 있는 지역공동체가 될 수 있음을 교훈했다. 마치 3%의 소금이 바다를 바다이게 하는 것처럼. 전도자로 시작하는 내 삶의 방향과도 부합되는 설교라서 한층 더 고무되었다. 한 해 전까지만 해도 나의 기도는 가정과 사업장에 대한 내용이 대부분이었다. 나는 그해 기도제목을 전도자로 출발할 수 있게 된 것을 감사하는 내용을 기록하고 감사를 드렸다. 흔들림 없이 전도할 수 있도록 오직 성령께서 붙잡아 주시고 가르쳐 주실 것을 구했다.

'너희 안에착한 일을 시작하신 이가 그리스도 예수의 날까지 이루실 줄을 확신 하노라'(빌1:6)는 말씀이 내 심령에 꽂혔다. 앞으로의 여정에 무슨 일이 일어날지, 어떤 장애를 만날지, 이 시작이 어떤 결과를 가져올지에 대해서는 감히 짐작할 수 없었다. 새 일을 시작하려면 단기 또는 장기목표를 세워야 한다. 또 소요 자본과 예기치 못한 상황에 대한 대비를 하고 출발하는 것이 상례겠지만, 전도자로 출발하는 나의 앞길은 쉽게 예측할 수 없었다. 그래도 한 가지 분명한 것은 주님께서 말씀하신 대로 반드시 나를 사람을 낚는 어부가 되게해주실 거라는 믿음이었다.

빌립보서1장6절 말씀을 믿고 단지 순종의 자세로 따라가면 된다는 사실이었다. 필요한 모든 양식도 주님께서 준비하신다는 것을 믿었다. 오직 나는 착하고 충성된 종으로 가리라 다짐했다. 주님의 일과 나의 일이 명확하게 구분이 되니, 내 안의 무거운 짐들이 사라지기 시작했다. '수고하고 무거운 짐을 진 자야. 내 멍에는 쉽고 가볍다. 나에게서 배우라.'그 말씀을 의지하고 2009년을 출발했던 것이다. 하지만 사람은 성품, 직업, 환경 또는 빈부의 격차가 주는 틀을 벗어난 삶을 살아가기란 그리 쉬운 일이 아니다. 더구나 마음을 고쳐먹었다하여 그 내면에 물들어있던 습관까지 하루아침에 털어내기도 어려운 일이다. 그토록 절실한 마음으로 전도 여정에 나섰지만, 결국 빈손이 된 연말이 되어서야 나 자신이 그 틀을 벗어던지지 못하고 있었음을 통렬하게 성찰할 수 있었다.

사업장에서 복음을 전해야겠다고 다짐했던 것은 내 인생의 큰 반전

이었다. 아니 전적인 하나님의 이끄심이었다. 용서였다. 그런데도 나
는 나를 먼저 세우며 복음을 전했던 것이다. 말씀을 좋은 땅에 뿌리라
는 교훈을 주셨는데도, 나 자신이 먼저 좋은 전령사가 되지 못한 상태
에서 상대를 가르치려 들었다는 것을 알게 되었다.

part 03
선포 나팔

기실 좀 더 변명하자면, 2009년의 나의 출발은 새해 첫 날 새벽기도부터 달랐다. 기도 제목의 우선순위가 180도 달랐다. '내 일터가 복음이 흘러가는 통로가 되게 하소서. 제가 세운 원칙이 무너지지 않게 해주세요. 날마다 실천 할 수 있는 힘을 주세요.'라고 기도했다. 그 무렵 내가 세운 원칙은 첫 째 날마다 한명 이상과 복음을 나눈다. 둘 째 기본에 충실하자. 셋 째 감사하자였다.

나는 하루 평균 10명 이상을 만난다. 그 중 30%는 처음 만난 사람이고, 나머지는 안면이 있거나 업무적으로 자주 만나는 사람이다. 그들 중 반드시 한 명이상에게 매일 복음을 나누는 것을 원칙으로 정했다. 믿음 생활의 기본인 예배와 기도, 그리고 말씀과 찬양이 매너리즘에 빠지지 않도록 기본에 충실하기로 했던 것이다. 하지만 부단히 사람들과 부대끼다보면 예상치 못한 일이 발생하게 마련이다. 그것이 행여 오해에서 생긴 일일지라도 내 입술에서 먼저 감사를 표현하기로 했다. 왜냐하면 감정조절이 안 되면 원칙을 지켜나가기 힘들다고 생각했기 때문이다.

그리고 공동체 가족들에게 선포를 시작했다. 과거 나의 행태는 '작심삼일'인 경우가 많았다. 그래서 나태한 과거로 회귀하지 못할 장치가 필요했다. 물론 내가 전도자로서의 사명을 수행하든 수행하지 않든지, 그것에 대해 어느 누구도 채근할 사람은 없다. 전도약속을 어겼다 하여 벌금을 물어낼 일도 없다. 세상의 관점에서 보면 해도 그만, 안 해도 그만한 일이 전도사역이다.

당회에서는 연말에 신년 직분자를 임명하거나 안수집사, 장로 선출 조건을 다룬다. 십일조 생활, 주일 성수, 술, 담배 문제까지도 진지하게 다루는 것이다. 하지만 정작 가장 큰 명령인 전도에 대한 체계적인 관리시스템은 없다. 그래서 나 스스로 물러서지 않을 장치를 마련했다. 그렇지 않으면 어느 순간 나 자신도 슬쩍 외면해 버릴지도 모를 노릇이었다.

그 대책으로 선포나팔을 사용했다. 먼저 가정에서 선포했다. 아내, 아들과 며느리, 그리고 동생들에게도 전했다. 장로회에서도 알렸다. 교역자 공동체에서도 선포했다. 내가 맡은 교구가족들에게도 전했다. 사업장에서도 전했다. 각종 신년모임에서도 선포했다. 그 즈음 나는 20여 개의 모임에 참여했다. 하지만 일반 모임에서까지 선포하기는 그리 쉽지 않았다. 다양한 종류의 종교를 가진 사람들은 물론 배타적인 성향이 강한 사람들도 있었기에 그들 앞에서 '전도하며 살겠습니다.'라고 선포하는 것은 그야말로 생뚱맞게 들릴 수 있기 때문이었다. 성령께 지혜를 구했다. 모임에서 내게 발언권이 돌아왔을 때를 기회로 삼았다.

"회원여러분, 저는 법무사로 활동하지만 또 하나의 공적 직분이 있습니다. 그건 바로 교회 장로라는 직분입니다. 새해부터는 나의 최우선 기도 제목을 하나 정했습니다. 궁금하시죠? 저는 여러분과 반드시 천국에서 만나기를 기도하고 있습니다. 우리의 만남은 우연이 아닙니다. 여러분! 축복합니다. 사랑합니다."

그렇게 주위에 선포하고 원칙을 지켜나갔다. 그 또한 기도 중에 받은 영감이었다. 그즈음 나 스스로 느낀 것이 하나 더 있었다. 교회 안에서의 처신과 교회 밖에서의 행동이 다른 나를 자각하게 된 것이다. 설교를 들을 땐 말씀대로 실천하는 사람이 될 것만 같았다. 그런데 한참 지나고 보면 더 엉망인 경우도 있었다. 전도자의 삶이 빛과 소금 같은 역할임에도 불구하고 약자에게 강하고 가진 자의 눈치를 보며 아부성 발언도 서슴지 않았다는 자각에 이르자, 쥐구멍이라도 들어가고 싶었다.

법무사 사무실에서 일어나는 일은 변수가 많다. 위임받은 사건처리가 직원들의 실수로 제 시간에 완성할 수 없을 땐 관공서의 담당자를 구슬려서라도 완성해 주어야 하는가? 아니면 손해를 감수하고 솔직하게 실수를 인정하고 양해를 구해야 하는가? 사사건건 갈등을 겪는다. 고백컨대 그 간엔 순간을 모면하기 위해 간혹 이중플레이를 하는 경우도 있었다. 또 사건 수임료가 많든 적든 간에 장부에 정확하게 기재하여 세금 탈루를 방지해야 하는데, 소액 단위까지 굳이 기록해야 할 필요를 느끼지 못했었다. 거기에 수임료가 적은 사건은 핑계를 대고 돌려보내기도 했다. 이런 행동을 대수롭지 않게 여기던 나는 2009년이 거의 지나 갈 무렵 지극히 작은 일에 충성하는 종의 태도가 무엇일까, 비둘기처럼 순결하라는 교훈은 어떻게 적용해야 하는지를 깊이 고민하기 시작했다.

part 04 2009, 구멍 난 그물

2009년 한해가 저물어 갈 무렵, 나는 쥐구멍이라도 들어가고 싶은 심정이었다. 열정적으로 전도한 첫 해였다. 그런데 어떻게 365일 동안 단 한사람도 나의 말에 귀를 기울인 사람이 없단 말인가. 탕자의 길에서 돌아온 나는 아마 마음이 몹시 조급했었던 것 같다. 하루라도 빨리 눈에 보이는 성과를 내보이며 실추된 명예를 회복하고 싶었는지도 모른다. 그러나 1년 낚시질 끝에 빈손 어부가 되고나서야 내가 만났던 사람들은 물론 나 자신에 대한 세세한 준비 과정이 생략되었다는 것을 깨달았다.

나는 직업상 만나는 사람들에게서 동의 또는 포기를 이끌어내지 못한 적이 거의 없었다. 나름 주위 사람들과의 관계도 원만하다고 자신했다. 그런 자만심이 꼿꼿이 고개를 쳐들고 있었으니, 2009년 한 해 동안 '나 정재준이가 하나님 말씀을 전하니 당신들은 마땅히 들으시오.' 하고 외친 꼴이었던 것이다. 통렬한 회개를 했다고 하지만, 내가 쌓아올린 알량한 틀을 미처 다 허물지 못하고 사람들 앞에 섰던 것이다. 체계적이지 못했으며 말씀에도 충실하지도 못했다.

하루가 다르게 변화되어 가는 세상에서 나 홀로 전 근대적인 사고 방식에 묶여 일방적인 요구를 해왔다는 자각이 들었다. 한동안 자괴감이 밀려오고 허탈감에 빠지게 되었다. 자존심이 상한 나머지 나를 아는 사람들이 없는 곳으로 숨어버리고 싶었다.

part 05 2010, 순종의 그물

2010년 새해가 밝았다. 1년 전에 갔던 시화방조제 길을 다시 찾아 갔다. 그 때 한 줄기 빛으로 임한 말씀은 "나를 따라오라. 내가 너희를 사람 낚는 어부가 되게 하리라"(마4:19)는 말씀이었다. 그 말씀을 1년 동안 가슴에 품고 전도했다. 그런데 빈손 어부가 되고 보니, 말씀이 새로운 울림으로 다가왔다. 마침 방조제 너머 수평선 위에는 저무는 석양 주변의 구름사이로 빛줄기가 신비롭게 내리비치고 있었다. 그 찬연한 빛 사이로 웬 초라한 사내가 걸어오는 환상이 보였다. 365일 동안 한 마리의 고기도 낚아 올리지 못한 어부가 터덜터덜 걸어왔다. 하늘엔 노을빛이 찬란한 조화를 부리는데 초라한 내가 눅눅한 바닷바람을 맞으며 내 안으로 들어왔다. 참담했다.

그 날 운전대를 잡고 집으로 돌아오며 절실하게 하나님께 매달렸다. '벧엘로 올라가야 한다' 수 없이 되 뇌이며 집으로 돌아왔다. 돌아온 즉시 작정기도를 시작했다.

"하나님, 저는 스스로 아무것도 할 수 없는 무익한 종입니다. 하나님은 저의 순종을 통해 교회 건축도 수종들게 하셨고, 또 저 개인의 사업도 번성하게 하셨습니다. 1995년 1월 22일 교통사고 현장에서도 설명할 수 없는 방법으로 생명을 연장해 주셨습니다. 제 남은 여정은 보너스입니다. 주님 뜻에 절대 순종하겠습니다. 전도사명도 저의 순종을 통해 이루어주시리라 믿습니다."

10일 간의 간절한 기도는 나를 부인하는 것이었다. 주님의 임재를 사모하며 음성에 귀 기울이는 것이었다. 기도의 중심은 종으로서 주님을 따르는 나의 태도가 무엇인가였다. 주님이 원하시는 나의태도는 나의 모든 주도권을 내려놓는 것이었다. 십자가 고난에 동참하는 것이었다. 기도 중에 아버지의 마음이 부어지는 것을 느낄 수 있었다. 말로 표현하기 어려운 환희가 내 온몸을 감싸는 은혜를 받았다.

"내가 빙판길 낭떠러지에서 너희를 안아 올린 것을 기억하느냐? 네가 온갖 향락에 빠져 있던 때에도 내가 항상 너와 함께 있었다는 사실을 아느냐. 너는 두려워 말라. 이제부터 너를 인도할 테니, 나에게 집중하라."

말씀이 임하고 기도할 때마다 성령의 뜨거운 영감이 연일 터져 나왔다.

"너는 꽃을 해치지 않고 꿀을 따는 꿀벌의 지혜를 배우라."

"농사를 준비하는 농부에게서 배워라"

"예비자가 부푼 기대를 안고 너를 기다리는 매력적인 전도자가 되라."

대화를 이끄는 특별한 선물도 탄생했다.

"일요일엔 뭐 하세요?"

주일이란 단어만 하나님이 정하신 날이 아니다. 일요일도 하나님이 주신 날이다. 공연히 거부감을 키울 필요가 있는가. 거부감 없이 누구나 대화에 끌어들일 수 있는 이 매력적인 질문은 그 때의 작정기도에서 받은 선물이다.

"온 가족을 위한 초청전도를 하라."

"전도는 영적인 전쟁이다. 전략전술을 연마하라."

"상대방을 감동시키기 전에 나를 감동시켜라."

가족은 인류의 사랑의 시작이요 끝이다. 하나님은 우리에게 지혜를 주셨다. 그것을 활용치 않는 전도는 무생물과 같다. 살아 숨 쉬는 전략을 세우는 것은 곧 살아계신 하나님을 증거 하는 것이다. 내가 먹기 싫은 음식은 아무도 먹고 싶어 하지 않는다. 행복은 전염병과 같다. 전도자가 먼저 행복한 예수쟁이가 되어야 한다.

"상대방을 보화로 여겨라. 그들도 너처럼 나의 보화임을 기억하라."

"너는 내가 매일 붙여주는 사람마다 집중하고 섬겨라."

"전도자는 나의 증인임을 잊지 말라. 바른 증언을 하라. 너의 증언과 말씀을 통해 나의 생명수가 그에게 흘러간다."

하나님의 백성은 누구나 귀하다. 아들, 아내의 남편, 아들의 아비인 것처럼 그들도 누군가의 소중한 가족이다. 우연한 만남은 없다. 하나님이 만남을 예비하심엔 실로 형언키 어려운 오묘함이 있다. 하나님은

'이제 내가 너를 안고 인도 해 가리라.'는 음성과 함께 아내와 담임목사님에게 먼저 인정받으라는 깨우침도 주셨다.

2010년 한 해 동안 58가정이 전도되어 나오는 신바람 나는 순종의 그물은 그렇게 짜여갔다.

part 06 더 낮은 곳을 향하여 I

나의 사무실에선 기업컨설팅, 부동산 등기, 소송서류 작성, 경매 및 각종 법률 상담을 취급한다. 직원들은 주로 부동산 등기 업무와 관련한 일들을 담당한다. 나는 소송사건 업무와 기업체의 법률관련 업무를 직접 챙긴다.

하나님의 특별하신 인도로 최소한 하루 3명이상 10명 이내의 기업인들과 미팅을 갖는다. 이런 생활환경 속에서 하나님께서는 내 안에 자리한 전도자의 씨앗을 키워주시기 위해 전도의 불이 붙은 동산교회에서 믿음생활을 이어가게 하셨다. CEO와 전문인 복음단체인 CBMC 멤버로 활동하게 하셨다.

그러나 황금어장인 일터에서 먼저 전도하기로 작정하고 2009년 한 해 동안 열심히 전도했으나 열매가 없자 한탄이 절로 나왔다. 그러자 나의 푸념을 듣던 가까운 지인이 말했다.

"거봐라. 너만 미친 짓 한 거야. 네 자신이나 밝게 보고 네 앞가림이나 잘하셔."

순간 마음이 흔들렸다. 그 말이 사탄의 조롱처럼 들렸다. 그런데 그 때 다정하고 힘 있는 음성이 들려왔다. '선을 행하되 낙심하지 말지니 포기하지 아니하면 때가 이르매 거두리라'(갈6:9) 한 해 동안 한 사람도 전도하지 못했던 나는 좌절감에 사로 잡혀있었다. 그 때의 심정은 실컷 울고 싶어서 뺨을 때려줄 사람이라도 기다리듯 초췌함을 감추지 못하던 때였다. 하지만 그 1년 동안에 얻은 교훈이 전도자로 세워지는 큰 자양분이 되었다. 누구나 반응하게 하는 질문과 지속적인 관계를 연결할 고리를 발견한 것이었다. 2010년 새 해의 새벽 기도시간에 내 입술에서 한 질문이 터져 나왔다.

"일요일엔 뭐 하세요?"
이 한마디 말이 어떤 결과를 가져올지 그 때는 미처 깨닫지 못했다. 하지만 분명한 것은 이 말이 터져 나오는 순간 갑자기 주위에 환한 빛이 넘치는 것을 느꼈다. 또한 이 질문은 곧 상대방이 거부감을 표하면 어쩌나 하는 그간의 두려움을 단박에 제거해 줬다. 그래서 대화를 위한 분위기 조성에 더욱 힘썼다. 그 후로 사람들에게서 오히려 내가 칭찬을 듣는 날이 더 많아졌다.

"어어? 교회에 다니시는 분도 분위기라는 걸 좀 아시네요?"
"장로님은 다른 교인들보다 사람들을 편안하게 하는 매력이 있으시네요."
"어쩌다 우리가 장로님 페이스에 말려들었지?"
누구를 만나든 칭찬, 격려, 질문, 경청의 대화기술을 통해 좋은 관계가 맺어지기 시작했다. 대화방식의 전환을 통한 나의 전도 여정에서 가장 큰 변화를 느낀 사람은 다른 사람이 아닌, 바로 나 자신이었다. 방식에 성공하면 결과에 연연치 않는 자유를 누리게 됨을 알았다. 만약 결과만 보고 포기했다면, 내 인생 최대의 오점을 남기는 한 순간이 되었을 것이다.

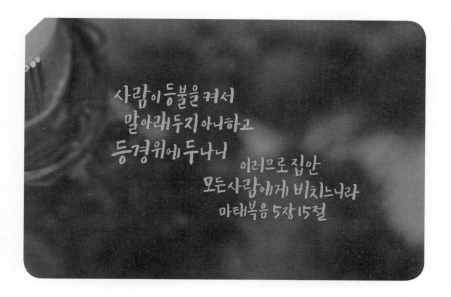

사람이 등불을 켜서
말 아래 두지 아니하고
등경 위에 두나니
이러므로 집안
모든 사람에게 비치느니라
마태복음 5장 15절

더 낮은 곳을 향하여 Ⅱ part 07

전도 사역에 최선을 다하기 위해 일정을 단순화 시키는 작업이 필요하다는 생각이 들었다. 디모데후서2장 말씀에서와 같이, 전쟁터에 나가는 병사가 주변을 정리하는 마음으로 주변을 정리하기 시작했다. 먼저 사무실 일에 가지치기를 했다. 사건수임을 하게 되면 의뢰인을 위해 최선을 다 해야 한다. 사건을 많이 맡다보면, 다른 일에 신경 쓸 여유가 없게 마련이다. 사건 수임 욕심을 버렸다. 처음으로 내게 찾아온 의뢰인을 다른 사무실로 소개하기 시작했다. 주님 영접 후 읽었던 미우라아야꼬 책에서 주인공이 가게를 경영하면서 옆 가게를 배려해 일부 품목을 취급하지 않았다는 생각이 났던 것이다.

사무실 경영 방침을 정직과 친절로 전환했다. 세금 신고를 절대 빼먹지 않는 장치를 마련했다. 복지문제도 직원들이 요구한 것을 검토하여 합리적인 내용은 들어 주었다. 사무실 경영 원칙을 설명하고 다른 법무사 사무실로 인도되는 의뢰인들이 불만을 품지 않도록 직원들을 지도해 갔다. 나는 법률문제와 관련한 상담은 직접 맡기로 했다. 그간 20여 개나 참여하던 모임을 분류해서 성실하게 참석할 수 있는 모임은 유지하고 겉치레 모임은 겸허히 사과하고 탈퇴했다.

'너는 그리스도 예수의 좋은 병사로 나와 함께 고난을 받으라. 병사로 복무하는 자는 자기 생활에 얽매이는 자가 하나도 없나니 이는 병사로 모집한 자를 기쁘게 하려 함이라.'(딤후2:3~4)

전도자는 하나님의 편지다. 행복을 담은 편지가 되기 위해 4가지 대화법을 발견했다.

"그러므로 무엇이든지 남에게 대접을 받고자 하는 대로 너희도 남을 대접하라. 이것이 율법이요 선지자니라."(마7:12)

이 말씀을 통해 발견 한 것이 칭찬, 격려, 질문, 경청이다.

기도 중에 성령님께서 '먼저 품격 있고 매력 있는 사람이 되라.'는 말씀을 주셨다. 말씀이 내 안에 흐르면서 기쁨을 가지고 시작하게 되었다. 예배 후 내 입술에서 새로운 아침 인사말이 나왔다. 아내의 손을 잡고 새해 첫 인사를 했다.

"해피 굿모닝입니다. 여보."

"할렐루야!"

그즈음부터였을 것이다. 내가 누구를 만나든지 오전에 전하는 인사 '해피 굿모닝'과 오후의 인사 '샬롬'은 나의 트레이드가 되어 있었다.

CBMC,
강물이 바다로 흘러가듯이

전도 현장에서 부족한 점이 떠오를 때마다 기록하고 지혜를 짜내는 노력을 게을리 하지 않았다. CBMC의 조찬 모임 때마다 파란 전도카드를 내놓고 대상자를 위해 기도하는 순서가 내 마음을 꿈틀거리게 한다.

(사)한국기독실업인회(CBMC)는 CEO 및 전문인을 위한 복음단체다. 1920년대에 몰아친 미국의 경제공황 때 크리스천 기업인들이 사업장 경영을 성경적 원리에 따라 기업을 경영하고 비즈니스 파트너인 CEO나 전문인에게 복음을 증거하려는 목적으로 설립된 단체이며 현재는 전 세계에서 많은 실업인들이 참여하고 있는 국제단체이다. 한국에는 미군을 통해 6.25동란 때 이식된 단체로서 현재 전국에 300여개 지회에서 10,000여 명의 회원이 활동하고 있다.

이 모임이 다른 단체와 다른 것은 매주 조찬 모임으로 진행한다는 것이다. 소그룹으로 진행하기 때문에 20~30명 구성원으로 지회가 운영되며, 구성원 호칭은 사회 호칭을 그대로 사용한다. 교회와 협력하되 교회 분위기가 나지 않게 하면서 비 크리스천 기업인들이 자연스레 복음을 접할 수 있게 하는 복음단체다. 경영인이 자신의 사회적 위치를 바로 알고 일터에서 하나님의 나라를 건설하여 복음이 흘러가는 통로로 쓰임받게 하는 것을 목적으로 한다. 또한 가정에서는 가족관계를 중시하고 관계를 잘 풀어가는 지혜와 통찰력을 키워 나가게 도움을 준다.

이 모임의 중요한 목표중 하나는 '전도사역이다.' 매주 모임을 진행할 때마다, 파란 기도 카드에 기록한 전도 대상자를 불러가며 함께 기도하는 순서를 갖는다. 이름을 적고 기도하는 것을 매주 하다보면 자연스레 이웃구원에 관심을 갖게 된다. CBMC가 정의한 이웃이란 경영과 관련해서 거래하는 기업인과 전문인이다. 그리고 지회의 중요 행사 중 하나는 반드시 1년에 한 차례 이상 예비자 초청 잔치를 여는 것이다.

CBMC는 기업인을 향한 전도 전략을 세우고 실행함에 있어 나에게 큰 기쁨을 맛보게 해준 단체다.

안산지역에 CBMC가 창립된 것은 1996년이다. 당시엔 안산지회 창립을 돕기 위해 서울에서 몇 분이 파송되어 안산에서 활동을 하던 중이었다. 내가 이 단체에 창립 멤버로 합류 한 것은 11월경부터다. 안산에 이사 온 다음 달이었다. 안산 시내 4개 교회에서 한 사람씩 추천을 받았는데, 동산교회의 추천으로 내가 합류하게 되었다. 이사한 지 불과 한 달 만이었다.이 참여가 기업인들과 폭 넓은 교제와 예비 전도자의 꿈을 갖는 디딤돌이 되었다. 하나님께서 나를 안동에서 올라오게 한 시간표를 돌아보면 놀라움을 금치 못한 사건이기도 하다. 매주 파란 기도카드에 이름을 기록하다보니, 자연스레 전도에 대해 꺼지지 않는 불씨를 살릴 수가 있었다.

단체 운영은 중앙회에서 정한 매뉴얼에 따른다. 성경에 기초한 원칙들이라 현장감 있게 잘 정해져 있다. 나는 이 단체를 통하여 경영의 원리와 일터 사역에 대해 많은 교훈과 통찰력을 얻었다. 그에 힘입어 가족초청전도에 관한 도전을 지속하는 힘을 얻었다.

복음을 접하지 못했던 기업인이 매주 조찬모임에 나와 가랑비에 옷 젖듯 본인도 모르는 사이에 예수가 어떤 분인지를 알아가고 성경이 무엇을 말하는지를 알게 된다. 그리하여 하나님 나라의 비전을 품게 되고 가치관이 변화되면서 삶의 구석구석이 성경적 가치로 세워져 가게 하는 원천이 되고 있다.

(주)뉴프렉스 임우현 회장은 700여 명의 직원을 고용한 상장기업 대표이자 창업주다. 성장하는 과정에서 CBMC를 통해 진 빚이 많았음을 고백했다. (주)풍년그린텍 유이상 회장은 포장사업에서 국내 독점적 지위를 갖는 계란 판을 제조하고 있다. 3년 전 새해 첫 날 김제 공장에 화재가 발생하여 공장이 전소됐는데, 그 상황에서도 유 회장은 하나님께 감사기도를 올렸더니 위로와 평안이 강 같이 임했다고 한다. 그 후 하나님의 임재를 통해 얻는 통찰력을 기업인들에게 들려주고 있다.

(주)천세산업 이충구 회장 역시 정량펌프사업 영역에서 국내에 미치는 영향력이 큰 기업인이다. CBMC를 통해 기업 초기부터 성경적 경영을 해나가기로 원칙을 세우고 경영을 직접 챙겼다. 그러나 40대 후반에

전문 경영인에게 맡기는 결단을 내리고 사원 중에서 선발한 사람에게 100% 권한을 주는 시스템을 도입하였다. 그렇게 위임하고 수개월이 안 되었을 때 IMF를 맞았다. 그 위기를 잘 넘길 수 있었던 것은 전문경영인 체제를 도입한 것이었는데, 그 힌트를 CBMC를 통해 얻었다고 한다.

이 세 분은 기업인들에게 멘토 역할을 활발히 펼치고 있다. 기업인으로서 경영을 통해 복음을 널리 흘려보내고 있는 좋은 모델이다. 이 분들로 인해 기대가 촉망되는 또 다른 기업인들이 쑥쑥 올라오고 있다. 포인텍, 다원전자, 효명엔지니어링, 동흥테크, 남영기계, 대영산업, 에스엔케이, 폴리텍, 보성초음파, 미유테크, 에드맥스, 대의인티어, 한성시스템, 엘림, 스핀테크, 현테크, 대한전력, 성신산업, 비전렌터, VIP학원 등의 대표들 외에도 다양한 업종의 대표와 회계사, 세무사, 설계사, 변호사, 법무사, 관세사, 의사 등 다수가 함께하고 있다.

CBMC 시화지회에서는 2015년 전도 행사를 새로운 형태로 진행키로 결정했다. 그해 10월에 있을 행사를 연초에 미리 정했던 것이다. 그동안 이 행사는 VIP(전도대상자)를 회원들이 품고 기도하면서 행사 날이 되면 초청했다. 그날 나온 사람들에게 모임 성격을 설명하고 강사를 통해 복음을 들려주는 순서로 호텔에서 진행한다. 부부동반 초청을 원칙으로 세우고 행사를 치른다. 그런데 그간의 참여결과는 신통치 않았다. 극소수 신입회원이 참여하는 경우가 많았다. 신입회원의 경우, 이미 믿음을 갖고 있는 사람이 오는 경우도 있었다. 결과로 따지자면 행사를 위한 행사였다고 할 수 있다. 확장을 위한 목적을 달성하지 못한 것이다.

"과연 이런 방식을 지속해야만 하는 걸까? 목적에 부합한 행사로 전환 할 수는 없는 것인가?"

고민 끝에 2015년부터 행사의 형태를 바꾸기로 했다. 특정일에 맞추어 예비자를 초대하지 않고 월별 또는 분기별로 모임에 자연스레 초대하기로 했다. 초대받은 사람이 미리 모임에 적응하게 했던 것이다. 이어 가을에 진행하는 잔치 당일에 예비단원들이 그간 보고 듣고 느낀 소감을 발표할 수 있게 했다. 그 같은 방침을 발표했을 때 기존 회원들의 반응이 반신반의였다. 준비팀장을 임명하고 각 책임파트를 정했다.

회원 모두가 함께 동참한 결과 2월부터 불교신자, 가톨릭, 무교, 안티 예비자들도 나오기 시작했다. 그들 중 기존 회원들보다 출석률이 높거나 내리 세 번 이상 출석하면 중앙회에 정식 회원으로 등록신청을 했다. 12월까지 14명 이상이 등록했다. 그리고 10월 행사 당일. VIP(예비자) 60여 명이 참석했다. 나 역시 한 해 동안 전도한 기업인 부부 10가정을 CBMC 잔치에 초청했다. VIP(새내기)회원들의 참가소감 발표와 기존회원들의 피드백을 받는 시간을 추가했다. 회원들의 전체적인 반응은 참신한 도전이었다는 것이다. 당일 참석한 참가자들에게서도 뜻 깊은 시간이었다는 인사를 받았다. 그 결과를 보며 기존 회원들이 오히려 놀라워했다. 그 여운이 가시기 전에 VIP(새내기)들이 교회로 발걸음을 옮기도록 2차 전략을 실행하고 있다. 에코포인트 김 사장, 헬파티엘에스 신 사장, 목인한의원 김 원장, 강성산업 서 사장, 삼두 강 사장, 엠케이코퍼레이션 채 사장, 중소기업혁신센터 김 사장, 이미트솔루션 곽 사장, 대양산업 류 사장, 두이산업 백 사장 등이 대표적인 분들이다.

나는 복음단체인 CBMC 모임을 교회 못지않게 중요하게 여긴다. 이유는 CEO나 전문인이 변화하면, 선한 영향력이 상상 이상의 영향력을 미칠 수 있기 때문에 그분들을 향한 노력은 오늘도 진행형이다.

CBMC를 통해 믿음의 여정을 걷고 있는 대표적인 기업인이 있다. (주)포인텍 선인경 대표의 사례가 좋은 모델이라 할 수 있다. 엔지니어 출신인 선 대표는 CBMC에서 복음을 접했다고 고백한다. (주)뉴프렉스 임우현 회장의 권유로 5년 전 쯤 발을 들여 놓았다. CBMC에서 만난 기업인들의 멘토링에 힘입어 하나님께서 주신 인생의 목적을 발견하고 주님을 더 잘 알아가기 위해 신실한 노력을 기울이는 기업인이다. 자녀교육을 비롯하여 기업과 가정을 성경적으로 경영하며 세워가는 모습 또한 타의 귀감이 되고 있다.

2년 전부터 선 대표는 교회에서 직분을 받고 중등 교사로 봉사하고 있으며, 아내 정화선 권사도 함께 교사로 섬기고 있다. 그런가 하면 글로벌 NGO(사)굿파트너즈의 후원기업을 자원해서 해 주었다. 네팔 지진, 스리랑카 만성신장질환자를 위한 수송버스 기금 모금에도 동참해 주었다. 선 대표는 자녀 3명에게 나눔 교육으로 용돈 중 일부를 저금통에 모으게 하는 교육을 하고 있다. 정기적으로 자녀와 함께 사무실을 방문하여 기부를 통한 이웃사랑을 가르치고 있다.

chapter 07

특별한 선물, 전도여정 보고서

⋮

온 가족초청전도를 하라

지치지 않는 열정으로

전도는 영적인 전쟁이다. 전략전술을 연마하라

상대방을 감동시키기 전에 나를 감동시켜라

상대방을 보화로 여겨라. 그도 너처럼 나의 보화임을 알라

내가 매일 붙여주는 사람마다 집중해서 섬겨라

법무사님 우리 은행 출입을 삼가주세요

바른 증언을 하라. 너의 증언과 말씀을 통해 나의 생명수가 그에게로 흘러간다

아내에게 인정받고 담임목사에게도 인정받아라

이제 내가 너를 인도 하리라

part 01 온 가족 초청 전도를 하라

■ 첫 열매 맺던 날

2010년 초부터 만남을 일일이 기록하기 시작했다. 그리고 20여 가정을 집중적으로 섬겼다. 새벽 기도 후 편지를 쓰고 신앙여정에 필요한 책을 보내면서 성령님께 더욱 의지했다.

"주님 오늘은 누구를 방문할까요?"

20여 가정을 일일이 기록하면서 성령님이 주신 질문법에 살을 붙이기 시작했다. 자녀들을 위한 기도를 올릴 때는 기쁨이 넘쳤다. 그 기록 중에서 법원직원 한 가정이 또렷이 떠올랐다. 그 사람은 나보다 나이가 적은 사람이었다. 일주일간 집중적인 기도를 올린 후 그를 만났다.

"정 계장님 반갑습니다."

"장로님 편지와 책 감사합니다. 아내와 아이들이 좋아하더군요."

"그리 받아주시니 제가 더 기쁩니다. 정계장님을 형제라 불러도 좋을까요?"

"그럼요. 좋습니다."

"내가 댁의 두 아이 이름을 기록하고 새벽마다 기도하고 있습니다."

"정말이십니까?"

"그런데 오히려 제가 기쁜 마음을 선물로 받고 있습니다. 댁의 아이들은 어떤 재능이 있는 것 같습니까?"

"딸아이는 책읽기를 좋아하고 아들은 축구에 푹 빠져있습니다."

"쌍둥이가 건강하게 잘 자라고 있으니 좋으시겠어요? 형제께서는 자녀들과 어떤 대화를 하나요?"

"저야 뭐 만날 밖에 있다 보니, 아이들이 엄마하고만 잘 통합니다.""그럼 부부간에 대화는 잘 하고 계신가요?"

"특별히 대화랄 것도 없지요 뭐."

"보내드린 〈아침키스〉라는 책의 부록CD를 들어보시면 대화에 큰 도움이 될 겁니다. 나도 그 CD와 책을 보고나서야 여자들의 표현과 감정을 조금 알 것 같더군요."

"그런가요?"

"성장기 자녀들에게 가치관을 어떻게 형성시켜줘야 하는지에 대해서 잘 설명한 책 한 권을 드릴게요. 나는 부모가 자녀에게 가장 먼저 해줘야 할 것이 바른 가치관을 심어주는 일이라고 생각합니다. 설사 자기가 바라던 성공을 이루었다하더라도 윤리 도덕이 빵점이면 삶도 빵점이 되고 마는 것을 자주 봅니다. 한 마디로 끊기 어려운 것이 물욕이지요. 사람은 피조물이기 때문에 누구나 스스로를 다스리기가 여간 어려운 게 아닙니다. 더구나 어린 자녀들이 어디서 무엇을 하는지 다 알 수도 없고, 일일이 도와줄 수도 없습니다. 그래서 전지전능하신 하나님께 기도해야 합니다. 자녀가 눈에 보이지 않는 하나님을 의식하고 살아갈 때, 언제 어디서나 바른 길을 갈 수 있습니다. 형제님, 오늘 부터 자녀들이 집에 돌아오면 일단 꼭 안아주십시오. 그리고 별것 아닌 것도 크게 인정해주고 뻥치는 수준으로 격려해 주세요. 오늘 장로님을 만났는데, 기도 중에 너희들이 장차 세상 사람들에게 선한 영향력을 끼치는 위대한 인물이 될 거라는 기대감을 갖고 기도하고 있음을 알려 주세요.

"'공부 못한다고 주눅 들지 말고 당당하게 활동해라. 아빠가 너희를 응원한다.' 이런 말로 힘을 실어주고 아이들을 웃으면서 봐주세요. 언제나 응원해주고 인정해주면, 자녀들은 어떤 상황에서도 옆길로 빠지지 않을 겁니다."

"아 네, 참 좋은 말씀이네요."

"아 참, 퇴근하셔야죠?"

다음 날 새벽부터 그 가족을 위해 더욱 간절한 기도에 들어갔다. 그 가정을 두 손 위에 올려놓고 이름을 불러가며 기도했다. 주일에는 감사 봉투에 그 가정의 구원을 위해 기도제목을 적었다. 일주일 후 다시 찾아갔다. 오전 9시였다. 그 시간에는 방해받지 않고 이야기 할 수 있기 때문이다.

"계장님 해피굿모닝. 오늘따라 넥타이도 멋있네요."

"어허, 부끄럽게 이러십니까?"

"계장은 남자로서 매력이 많아요. 뭔가가 있어 보여요."

"괜한 말씀인줄 알면서도 기분이 좋습니다. 법무사님."

"진짜인데. 참, 지난번 그 책 내용 좋지요? 나는 그 책을 읽고 세상적인 가치관이 먼저 형성되면 나중에 올바른 가치관이 조성되기 어렵다는 것을 알았습니다. 〈가치혁명〉책을 어디까지 보셨나요?"

"그게 저어. 아직 다 보지 못했습니다."

"오늘 퇴근해서 21p이하 부분이라도 보고 다시 말합시다. 그리고 다음 주 중에 점심을 같이합시다."

약속한 날이 되었다. 내 사무실이 있는 빌딩의 일식집에서 식사를 하면서 한마디 건넸다.

계장님, 내가 기도하면 이뤄질 거라는 말이 믿어지나요?

"저는 아직 잘 모르겠습니다."

그 때 나는 핵심 복음 말씀요절이 적힌 종이를 코팅해서 들고 다녔다. 코팅된 용지를 꺼내 민수기14장28절 말씀 '그들에게 이르기를 여호와의 말씀에 나의 삶을 가리켜 맹세하노라. 너희 말이 내 귀에 들린 대로 내가 너희에게 행하리니.'를 읽어보라고 권했다.

"하나님은 눈에 보이시지 않지만 우리의 기도를 듣고 계십니다.나는 이 말씀을 믿기에 날마다 확신을 갖고 기도하고 있습니다."

"아, 그렇군요."

"자녀를 위한 정말 좋은 방법이 있는데 실행해 보시렵니까?" "그게 뭔데요?"

"꼭 따라 해보실래요?"

"네, 그러지요."

"사실 내가 아이들을 위한 기도를 하고 있지만, 정말 좋은 기도는 부모가 하는 것이 제일 좋은 기도입니다."

순간 정 계장은 조금 당황한 듯 했다. 이웃집 아저씨는 자신의 아이들을 위해 기도하는데 아버지가 강 건너 불구경 하고 있었다는 표정

같았다.

"이제라도 기도하는 아버지가 되어 보세요. 나를 따라서 해 보시겠습니까?"

"좋습니다."

"하나님, 자녀를 위해 기도하게 하시니 감사합니다. 딸아이와 아들의 앞날을 인도해주세요. 바른 생각을 갖고 미래를 열어가는 '꿈쟁이'가 되게 해 주세요. 좋은 친구, 좋은 스승, 믿음의 배우자를 만나는 만남의 복을 주세요. 예수님의 이름으로 기도합니다. 아멘."

그는 거북하게 여기지 않고 그대로 따라했다.

아멘은 '기도 내용대로 이루어지기를 정말 원합니다.'라는 뜻입니다. 또 예수님의 이름으로도 의미가 따로 있습니다. 우리는 직접 하나님께 나갈 수 없어요. 오직 예수님을 통해서만 들어갈 수 있는 나라가 하나님 나라입니다. 그래서 예수의 이름으로라고 하지요.

"그렇군요."

점심시간을 이용해 계속 이어지는 기도였지만, 그날의 기도는 손에 땀을 쥐게 했다. 성령님께서 집중하게 하셨다. 그와 헤어지기 전에 아버지가 자녀를 위해 잠자리에서 기도하는 습관을 가져야 한다고 설명했다. 다음 날 다시 편지를 보내며 찬송CD와 자녀들을 위해 천로역정을 함께 보냈다. 2월 초순에 다시 찾아갔다. 그가 나를 외면하지 않는 것만으로도 용기가 났다.

"동산교회에 대해서 들어보셨지요? 김인중 목사님은 동산교회를 개척해서 오늘의 동산교회가 있게 한 지도자십니다. 그분 설교를 듣다 보면 없었던 의욕이 절로 솟아납니다. 인생의 방향이 잡힙니다. 아마 두 아이가 큰 선물을 받을 겁니다. 교회는 하나님 사랑의 메시지를 전하고 성경 말씀을 증거하는 공동체입니다. 세상에서 들어볼 수 없는 교훈과 생명의 양식이 있습니다. 오늘 집에 가서서 2월 몇 째 주에 교회에 온 가족이 나올 수 있는지 상의해서 알려주실 수 있지요?"

그리하겠노라는 그의 시원스런 대답을 듣고 3일 후 다시 찾아갔다.

"장로님 저희 가족이 마지막 일요일인 2월28일11시30분 예배에 참석하겠습니다."

드디어 나의 전도여정에 첫 가정이 교회에 나오겠다고 약속했다. 나는 그 약속에 쐐기를 박듯 다짐을 받았다. 혹여 마음이 흔들릴까 예방하기 위함이었다.

"계장님, 나와 약속은 자연인 장로와의 약속이 아니라 아주 높은 분과의 약속입니다. 이제 부터는 UN에서 초청장이 와도 나는 이미 더 높은 곳에서 초청을 받았기 때문에 응할 수 없다고 해야 합니다."

인간적인 약속이라 여기지 못하도록 단단히 다짐을 받았다. 다음 날부터 간절한 새벽기도가 시작되었다. 선포기도를 차에서도 하고 길에서도 했다. 그에게 다시 편지와 초청장을 만들어 보냈다. 주일날 30분 일찍 와 달라고 약속하고 주차는 어디에 해야 하는지를 소상히 적어 보냈다. 토요일에 다시 또 짧은 메시지를 보냈다. 믿음생활 25년 만에 처음 맞는 귀한 손님이기에 기도와 정성으로 준비했다. 주일 아침이 되었다. 초조했다. 흡사 짝사랑하던 연인을 기다리는 심정이었다. 전도한다고 나선지 1년, 믿음생활 한 지 25년 만에 맞이하는 감격스런 날인지라 긴장이 되었다. 드디어 주일 오전. 약속장소에 미리 가서 전화벨이 울리기만을 기다렸다. '정말 오는 거지요. 주님?' 약속시간

보다 1분이 초과됐을 때 휴대전화 벨이 울렸다.

"장로님 윗자리에 주차하고 가는 중 입니다."

심장이 두근거리기 시작했다. 그 때 저 만치서 두 부부가 아이를 앞세우고 걸어오는 것이 보였다.

"너희가 계장님 아들딸이구나."

"네, 안녕하세요."

"그래 잘 왔어, 부인께서도 안녕하셨지요?"

"장로님! 장로님께서 우리에게 세 번이나 보내신 편지에 감동받았어요. 장로님께서 믿는 하나님을 우리도 믿어 보고 싶어졌습니다."

그 말을 듣는 순간 내 온 몸의 세포가 춤을 추는 것 같았다. 내 앞에 서있는 일가족 네 명이 꽃같이 보였다. 아니 하늘에서 내려온 천사 같았다. 감동의 물결이 턱밑까지 차올랐다. 도대체 그 무엇이 내 온몸을 흔들게 할 수 있단말인가. 이 때 주님께서 수가성 여인을 전도하고 이미 내 양식을 먹었다고 하신 말씀이 생각이 났다. 나는 그날 온 종일 아무것도 먹지 않고도 배부를 수 있음을 맛보았다. 불과 1년여 동안 전력을 기울인 전도의 첫 열매였지만, 25년이나 공을 들였다는 생각이 들었다. 그 날 나는 뜨거운 눈물을 흘리며 예배를 드렸다.

"나 같은 무익한 종이 이런 감격을 맛보다니, 주님 감사합니다. 감사합니다."

열아홉 살에 고입검정고시에 합격했을 때와 35살 때 주님을 만났을 때의 감격과 같은 감동이 하루 종일 떠나지 않았다.

그 가족은 모두 목사님 방에서 4영리를 통해 주님 영접기도를 하고 예배를 드렸다. 첫 날이라서 두 자녀도 일반부에서 함께 예배를 드렸다. 목사님은 예배 중에 특별히 초등5학년이던 쌍둥이 자녀를 일어서게 하시고 그들을 위해 공적인 기도를 해주셨다. 그 아이들은 지금 동산고등학교에 입학하여 건강한 '꿈쟁이'로 성장하고 있다. 2014년 가을 어느 날 온 가족이 함께 굿파트너즈 사무실을 방문하여 지구촌 어려운 이웃을 위해 후원을 하는 가정이 되었다.

part 02 지치지 않는 열정으로

하나님은 골프채를 완전히 거둬가진 않으셨다. 그동안 교분이 있던 사람들과 라운딩 할 수 있는 기회가 종종 있었다. 하루는 J지점장에게서 사람을 소개시켜주겠다는 연락이 왔다. 새로운 사람을 만날 수 있다는 말에 약속을 잡았다. J지점장은 골프친구를 소개했지만 나는 전도대상자가 더 느는 것에 쾌재를 불렀다.

10일 간의 작정기도 후, 오랜만에 필드에 나가던 날, 기업인들에게 맞는 설교CD와 책, 캐디에게 선물 할 책과 설교CD를 챙겨 가방에 담았다. 그날도 다른 날과 같이 일행과 나누는 대화를 신선한 분위기로 유도했다.

운동을 마치고 돌아오는 길에 지점장이 소개시켜 준 S기업인과 동승하게 되었다. 나는 입안에 오랫동안 물고 있던 십리사탕 같은 말을 써 먹을 기회가 왔다고 생각했다.

"사장님 일요일엔 주로 뭐하세요?"

주일이란 말을 쓰지 않은 것에 스스로 만족해하며 별 뜻 없다는 듯 말을 건넸다.

"저야 뭐 애들하고 보내거나 경조사 찾아다니고 그러지요. 가끔 이렇게 운동도 하고요."

"아, 네, 슬하에 자녀는 몇 명이나 두셨는지?"

"셋입니다. 큰애는 K대학에 다니고 고등학생 중학생 줄줄이 입니다."

"애국자시군요. 셋이나 두시고. 그런데 부모가 자녀에게 줄 수 있는 것 중에 제일 큰 선물이 뭐라고 생각하십니까?"

"어허, 종교생활을 하게 해야 한다고 말씀하고 싶으신 거지요?"

"아닙니다. 아이들에겐 꿈이 있어야 합니다. '꿈쟁이'는 망하지 않는 법이니까요."

고금동서를 막론하고 자녀 문제에 귀를 기울이지 않는 부모는 드물다. 어린자녀 이야기로 시작한 대화가 사회인이 된 후의 자녀 이야기로 이어지게 되면 한 결 같이 공감하는 것이 성공이란 단어다. 따라서 과연 진정한 성공이란 무엇인가 하는 주제에 봉착하게 마련이다. 긴 이야기 끝에 심심찮게 신문의 사회면을 장식하곤 하는 사람들의 희비가 엇갈리는 운명에 견주어 나의 경험담을 자연스레 털어 놓을 수 있었다.

"자녀가 진정한 성공을 하려면, 꿈을 가지고 달려가되 바른 가치관을 갖는 것이 중요하다고 생각합니다. 동의하십니까?"

"네, 동의합니다."

"그리고 자녀들이 좋은 친구, 훌륭한 스승, 반듯한 배우자를 만나는 복을 받아야 합니다. 그것이 온유한 부모를 만난 복과 함께 아이가 누려야 할 네 가지 만남의 복입니다. 다섯 번째는 미래 문제지요. 사람은 누구도 미래를 예견할 수 없습니다. 하지만 제가 사장님의 아이들 미래를 위해 기도하고 싶군요. 혹 아이들 이름을 알려 주실 수 있습니까."

"이름은 왜요?"

그가 수첩을 꺼내든 나를 보며 당황한 기색을 보였다.

"이름을 불러가며 하나님께 떼를 쓰려고 합니다. 내친김에 사모님 성함도 알려주십시오. 자녀들은 엄마가 양육하지 않습니까? 어머니를 위해서도 기도해야지요."

그러자 아이들과 부인의 이름을 불러주었다. 집으로 돌아온 나는 약속대로 매일 세 아이(지영, 지은, 용혁)와 부모의 이름을 부르며 기도했다. 기회를 만들어 주님을 소개하는데 게을리 하지 않았다. 갈급함이 없던 그들은 몇 년의 세월이 흘렀지만 교회에 나오지 않았다. 그간 나는 세 아이들의 성장에 맞춰 해마다 책을 선물하고 사업장을 방문하고 용혁이 학교를 찾아가 그를 격려했다. 명절엔 잊지 않고 선물을 보냈다. 다달이 혹은 분기마다 문자로 안부를 묻는 것도 잊지 않았다. 특별한 용건이 없어도 S사장과 차를 나누기도 했다.

"세 아이 모두 명문 K대학교를 보내다니, 정말로 대단 하십니다. 사장님."

"장로님이 기도해 주신 덕분이지요."

"하지만, 이제 부모님이 하셔야지요. 부모가 장성한 자녀를 위한 기도를 드려야 사회생활도 멋지게 해낼 겁니다."

그동안 2010년과 2011년에 한두 번 가족이 모두 교회에 나온 적은 있었다. 부인은 숫자에 대한 기억력이 특출하고 명료한 판단력의 소유자였다. 따라서 S사장은 집안에 명석한 장자방을 모시고 사는 셈이었다. 세 자녀가 모두 바라던 대학에 진학했으며 집안 또한 무탈하니, 그들에겐 특별히 간구해야할 아무런 이유가 없어 보였다. 그래도 그들 부부는 내가 기도의 끈을 놓지 않는 것처럼 나와의 인연의 끈을 놓지 않았다. 교회에 두 차례 나온 후로 부인이 나에게 간간히 문자 메시지를 보냈다.

"장로님, 주님께서 저를 부르시는 것 같아요."

"장로님이 섬기는 NGO굿파트너즈 후원기업이 되고 싶습니다."

머지않아 온 가족이 주님 품으로 나오리라는 확신이 생겼다. 그런데 그 후 2년여 동안이나 소식이 끊겼다. 명절에 작은 선물을 보냈더니 '저희 집엔 안보내도 돼요.'라는 문자만 돌아 왔다. 안타까운 마음이 커져갔다. 그럴수록 그 가정을 위한 기도를 더 열심히 했다. 그러던 어느 날 새벽기도 중에 그들 가족 이름을 부르자 갑자기 눈물이 났다. 주일날 새벽에도 눈물을 흘리며 기도했다. S사장이 운영하는 공장 옆을 지날 때나 그들이 사는 아파트단지를 지날 때도 먹먹한 기도가 우러났다. 그 기간에 '선한 일을 행하되 낙심하지 않으면 이루게 된다.'는 말씀이 나를 위로했다.

2015년 5월 어느 날 새벽, 전화기를 열어보니 부인이 보낸 문자가 있었다.

"장로님, 군대에 간 아들에게 어려움이 닥쳤습니다. 주변에 사람이 있지만 이 문제를 상의 할 사람이 장로님 밖에 없는 것 같습니다. 장로님께서 권할 때 하나님께 나갔어야 했는데 후회가 됩니다. 저희를 위해 기도해 주세요."

나는 먼저 하나님의 응답으로 알고 감사기도를 올렸다. 기도 중에 주님께서 피할 길도 열어주시리라는 믿음이 생겼다. 다시 감사기도를 드렸다. 그리고는 여러 사람들의 도움을 받아서 그 일을 해결해 나갔다. 주님이 역사하심을 다시 한 번 경험하는 과정이었다. 3개월여 기간 동안 하나님은 길목마다 필요한 사람들을 보내어 엉켰던 실타래가 풀리듯 그 일을 해결하게 하셨다.

"이제 장로님이 인도하는 대로 따르겠습니다."

오랫동안 기다린 답이었다.

"일요일엔 뭐 하세요?"

이 첫 질문에 대한 응답이 이루어지기까지 6년 세월이 걸린 것이다. 기도 중에 동산교회 보다 그들이 걸어서 다닐 만 한 곳에 있는 교회에 인도해야 한다는 울림이 왔다. 마침 2015년에 개척한 그린시티 교회로 그들을 인도했다. 얼마 후 문자 한통이 날아왔다.

"장로님, 너무 좋은 교회로 인도해 주셔서 감사합니다. 온 가족이 주님을 믿고 살아가겠습니다. 남편도 곧 교회에 나올 겁니다. 봉사와 십일조에 대해서도 지도해 주세요."

그들과 교분이 이어지는 동안 나의 전도 여정에 150여 가정이 인도되어 나왔다. 그리고 타 지역의 예비자들에게 추천서를 써준 사례도 여러 번 있었다. 그러나 같은 구역에서 타 교회로 새내기 성도를 인도한 것은 처음이었다. 더구나 그들과 동행까지 하면서.

'눈물로 씨를 뿌리는 자는 기쁨으로 단으로 거두리라.'는 말씀을 새기며 감사 기도를 올렸다. 그분들은 굿파트너즈 사무실로 와서 지구촌의 어려운 이웃을 위해 기업후원과 금일봉을 전하면서 의미 있는 삶을 살 수 있도록 인도해 준 것에 감사를 표했다.

■ 태공의 낚싯바늘

내가 안산법원에 조정위원으로 위촉된 것은 2002년 9월이다. 안산에 법원이 개원하면서 법무사회 추천으로 조정위원으로 위촉받았다. 100여 명의 위원들은 기업인과 상담사, 교수, 의사, 변호사, 회계사, 건축사, 법무사 등의 전문인들이다. 조정이란 재판이 시작되기 전 또는 진행 중에 양자 간 양보를 이끌어내 분쟁을 종결짓는 제도로서, 다양한 분야의 전문가들이 참여하고 있다. 지리멸렬한 법적 공방대신 조정과정에서 사건이 해결되면 당사자 상호간에 분노가 조절되는 긍정적 효과를 얻을 수 있는 것이 조정제도의 또 다른 장점이라 할 수 있다.

조정위원회가 발족된 시점부터 함께 위원으로 활동하면서 전체 업무를 조율하고 섬기는 사무총장이 있다. 이 분과는 8년 동안 한 달에 최소 한 번 이상 만나면서도 업무적인 관계를 벗어나지 못하고 있었다.

그 사무총장에게는 전도를 서두르지 않았다. 이미 전도에 실패한 경험도 만만찮게 있기에, 성령님께서 보내는 감동의 메시지가 올 때까지 기다리기로 했다. 그를 위한 10개월간 작정기도를 시작했다. 업무와 관련된 사람이나 평소 알고 지낸 사람일수록 첫 물꼬를 잘 터야 지속적인 관계를 유지해 갈 수 있기 때문이다. 만약 사무총장이 주님을 만난다면, 나 보다 몇 십 배 큰 영향력을 발휘하리라는 기대를 갖고 때를 길게 잡았다. 흡사 농부가 봄철 농사를 위해 가을 논에 쟁기질을 하듯 천천히 숨을 골랐다. 쟁의조정에 같이 참여하는 날이면 조금 더 일찍 법원으로 향했다. 사건에 대해 함께 논의하면서 그가 먼저 사적인 말을 걸어올 때까지 기다렸다. 이제까지 사람들을 만날 때마다 칭찬과 격려를 보내고 질문하고 경청하던 방법을 그분이 먼저 할 수 있도록 유도했다. 그날도 조정이 열리는 날이었다. 나는 제일 먼저 도착하여 서류를 검토했다.

"정 위원님 같이 바쁜 분이 저 보다도 매 번 일찍 나오시네요? 정 위원님은 목소리도 매너도 짱입니다. 모임에서도 위원님은 뭔가 다르다고들 하더니, 역시 헛소문이 아니군요."

"아마 저의 좋은 점만 보셔서 그럴 겁니다."

"너무 겸손한 말씀을. 그런데 정 위원님은 술, 담배를 안 하시고 어떻게 사회생활을 해 나가세요. 대체 무슨 재미로 사세요?"

"위원님, 궁금하시죠? 저도 젊었을 때는 술과 도박 중독자였습니다. 그런데 어느 날 새벽기도 시간에 아주 높은 분을 만났답니다. 그 때 제가 영적 장님인 것을 알았습니다. 내 주위에 온갖 보화가 있었는데도, 그것을 보지 못했던 것입니다. 내가 뭘 해야 하는지, 또한 얼마나 귀한 존재인지를 그제야 알았습니다. 그 때부터 성경이 믿어졌습니다. 죽음에 대한 두려움이 사라졌습니다. 내가 살아가야 할 이유를 알게 된 거지요."

"그래요?"

"그 뿐인가요, 한 때는 골프바람이 나서 그분을 몹시 서운하게 해드렸습니다. 이 세상에서 가장 모멸감을 주는 사람이 배신자인데, 저는 그분을 배신했었지요. 사람들은 배신자를 철천지원수로 여기고 생매장을 시키지요. 그런데 그분은 그 순간에도 저와 계시면서 내가 스스로 뉘우치기를 기다려 주셨습니다. 제가 늪에서 허우적거릴 때는 더 깊이 빠지지 않도록 저를 받치고 계셨지요. 그분의 은혜로 오늘 이렇게 위원님 앞에 서 있을 수 있는 것입니다. 만일 그분을 만나지 못했다면, 지금 쯤 어떤 수렁에서 헤매고 있을지, 상상만 해도 끔찍합니다. 위원님께도 그분을 소개해드리고 싶네요. 그분은 저에게 날마다 세상이 줄 수 없는 환희와 감동을 주시지요. 그런 선물을 받다보니 늘 기쁨이 넘쳐납니다."

묵묵히 듣고 있던 그가 놀랍게도 심각한 표정으로 반문했다.

"저는 지금까지 불교신자로 살아왔습니다. 헌데 최근에 마음속에 어떤 삶을 살아야 잘 사는 삶일까 의문이 생기더군요. 오늘 정 위원님 이야기를 들어보니 내 심중에 묘한 울림이 왔어요. 나도 그 분을 만나 뵙고 싶다는 생각이 듭니다. 정 위원님께서 거짓말 하는 것은 아닐 테고. 저도 그런 은혜를 받고 싶네요."

그 순간 10개월 작정기도를 통한 응답임을 알았다. 마치 결혼 10년 만에 태중에 아이를 품게 된 것 같은 환희가 밀려왔다. 기도의 능력과 성령님께서 역사하시는 날까지 기다리는 것도 때에 따라서는 필요하다는 것을 알게 되었다. 그에게 '지성에서 영성으로' 책을 선물하고 출석할 주일을 정했다.

　하나님은 때때로 그물을 들고 바다로 나가는 수고를 하지 않아도 물고기를 뭍으로 몰아다 주신다. 그는 약속한 주일에 교회에 나왔다. 다른 이들과 마찬가지로 4영리를 듣고 예배에 참석했다. 그 후로 교회 교육을 마치고 한 걸음씩 주님 앞으로 나오고 있다. 나는 천국의 길로 걸어오는 그 사람을 주일마다 보고 있다.

상대방을 감동시키기 전에 나를 감동시켜라 part **04**

■ 어떤 잔치 날(전도결산잔치를 하다)

사람들은 저마다 유독 좋아하는 계절이 있게 마련이다. 나는 가을을 좋아한다. 비록 아버지가 열두 살 어린 나를 두고 추석을 사흘 앞둔 가을에 돌아가셨지만, 아이러니하게도 나의 생엔 가을에 좋은 소식이 많았다. 두 차례의 검정고시는 물론 네 번이나 보았던 공무원시험 합격소식을 모두 가을에 들었다. 그래서 '사법고시가 가을에 실시되었다면 붙지 않았을까?' 라는 너스레 섞인 농담을 하곤 했었다.

하나님으로부터 사람을 낚는 어부로 살게 해주겠다는 음성을 들은 것도 가을의 끝자락이었다. 2010년 가을 11월 무렵의 새벽기도 시간은 더욱 사모하는 마음으로 임했다. 한 해를 돌아보니, 발자국 마다 주님 손잡고 걸어온 여정이었다.

그보다 먼저 2010년 2월 28일은 내 생에 잊을 수 없는 날이다. 그 날은 나의 믿음생활 25년 만에 한 가족이 전도되어 나온 첫날이었다. 가족이 전도되어 나오게 하는 통로로 쓰임 받았다는 사실 때문에 가슴이 벌렁거렸었다. 온 가족초청전도는 그 때만이 아니라 지금도 나의 가슴을 뛰게 하는 신나는 사건이다. 그 가정이 나오고 나서 그 다음 주일 또 그 다음 주일로 이어지던 VIP(예비자) 가족들의 행렬을 보면서 나는 놀라움을 금치 못했다. 그 때 내 수첩에는 60여 가정이 기록되어 있었다. 그중에서 50여 가정이 자녀들과 함께 줄지어 교회에 나오는 진풍경이 몇 개월간 이어졌다. 어느 날 새벽. 그들 온가족의 이름을 일일이 부르며 감사기도를 하고 있는데, 갑자기 '결산잔치를 하라.'는 음성이 들려왔다.

"결산잔치라니요, 성령님?"
"지금 나온 가정과 앞으로 초대할 가정들을 한 자리에 초대하여 예배를 드려봐라."
그 음성을 듣고 나서 곰곰이 생각해 보았다. 하나의 아이디어가 떠올랐다. 12월 중에 특정예배 날짜를 정해서 잔치를 열기로 계획을 세웠다. 성탄을 앞둔 12월 19일 주일 3부 11시30분 예배로 정했다. 그 때부터 각 가정에 소식을 전했다. 50여 가정이 참석할 수 있다는 답을 보내왔다. 그리고 복음을 접하고도 교회에 나오지 않는 미온적인 가정에도 초청 소식을 전했다.

초청 잔치 40여 일을 앞두고 인원을 점검했을 때는 참석예정 인원이 150여 명이 되었다. 참석 가능한 인원파악을 마치고 잔치를 위한 준비에 들어갔다.주일예배 성도들과 뒤섞여 혼잡한 상황이 벌어지지 않도록 사전 준비를 단단히 해야 했다. 우선 안내요원 15명을 선발했다. 그리고 본당의 예배석 앞줄부터 한 구역에 미리 줄을 쳐 놓았다.

참석자들이 행사 전에 대기할 장소를 찾지 못하던 중에(주일에는 교회의 모든 방이 사용된다) 마침 하늘정원 카페 전체를 30분간 독점 사용하도록 허락 받았다. 예배가 끝나고 참석자들을 그냥 돌려보내는 것이 마음에 걸렸다. 동산교회는 주일예배가 끝난 뒤 성도들은 국수를 나눠먹는다. 때문에 다른 식사를 교회 식당에서 준비 할 수가 없었다. 그래서 외부에서 뷔페를 주문했다.

잔치 준비과정 중에 봉사자들과 날짜를 정해 기도에 들어갔다. 또 진행상황을 목사님에게 메일로 보고했다. 그런 와중에 성도들 사이에 소소한 이견이 있었다. 잔치가 있기 전날 동역자들과 기도를 마치고 의견을 나누는 시간을 가졌다.

"장로님, 주인공분들이 한 두 명도 아니고. 150명이 우리가 정한 시간에 와서 예배드리는 광경이 왠지 드라마 같다는 생각이 듭니다. 장로님께서 한 해 동안 지속적으로 전도를 하신 건 잘 알고 있지만요. 이런 결산잔치는 들어보지도 못했기에 드리는 말씀입니다."

"맞아요. 굳이 이런 행사를 하지 않아도 나오실 분들은 벌써부터 예배를 드리고 있지 않습니까?"

"며칠 더 있다가 성탄절 행사에 맞췄어도 좋을 뻔했습니다."

"자랑스러운 동역자님. 오늘까지 기도하며 준비해 주심을 감사합니다. 이 행사는 저 개인의 이름으로 하는 것이 아닙니다. 하나님의 명을 받아 여러분들과 함께 하는 것입니다. 개인의 능력으로는 이 일을 절대 진행할 수 없습니다. 저는 우리에게 이 일을 감당케 하신 그분이 어떤 분인지 알기에, 우리가 준비한대로 풍성한 결산잔치가 되게 해 주시리라 믿습니다. 의심하지 맙시다. 우리 함께 표현해 봐요. '놀라워요, 놀라워요'로 하나님께 미리 영광을 드립시다."

모임을 마치고 나오려는데 한 장로님이 내게 물었다.

"행사비용은 어떻게 충당하십니까?"
"장로님! 전도통장에서 인출해 쓰면 됩니다."

12월 19일 주일 새벽기도시간에 나도 모르게 입술이 떨렸다. 그 날의 주인공들의 이름을 불러가면서 기도하는데, '김OO님을 오게 하시니 감사합니다. 박OO 아빠님. 박OO 자녀님을 나오게 하시니 감사합니다. ······.'라고.

새벽까지 나를 초조하게 하던 불안은 그야말로 기우였다. 그날 예배 한 시간 전까지 150명 중 148명이 나왔다. 초청자들을 교회 안에 있는 카페로 오게 하여 가슴에 꽃을 달아주고 그날의 행사에 대해 사전설명을 했다. 3부예배가 시작되자, 새내기 성도 가족이 일렬로 서서 교회 안으로 걸어 들어갔다. 그 광경은 흡사 나라를 잃고 떠돌다가 고국의 품으로 돌아오는 백성들 같은 비장함마저 느껴졌다. 교회 안은 전에 없이 장엄한 분위기가 감돌았다. 목사님은 예배 중에 그들을 일어서게 했다. 148명이나 되는 새내기 성도가 일어서는 모습을 예배당에 나온 모든 교인이 보게 하시고 그 순간을 기리는 축복기도를 해주셨다. 교회 안은 다른 날보다 충만함이 감돌았다. 모든 성도들의 숨소리에서도 그 순간의 감격이 배어나오는 것만 같았다.

예배를 마치고 목사님을 만나러 가려는데 권사님 한 분이 내게 말했다.

"장로님, 저에게 이런 감동적인 행사를 돕게 해주셔서 감사합니다.

"장로님 고집은 하나님 외에는 아무도 못 말릴 것 같네요."

목사님은 접견실에서 나를 기다리고 있었다.

"정 장로님, 오늘은 마치 한 교회가 새로 세워진 기분입니다. 교인들에게도 도전의식을 심어 주었으리라 예상합니다. 장로님 별명을 하나 붙여 줄게요. 정조준 어때요, 조준하면 반드시 표적을 맞추는 특등사수라는 뜻입니다."

"그 별명답게 이제부터 또 다시 새롭게 시작해 보겠습니다. 저는 목사님께서 설교하시는 '복음의 능력을 경험하라. 성령의 능력을 경험하라. 그 나라와 그 의를 먼저 구하는 일에 단순, 반복, 지속으로 섬겨 봐라.'라는 교훈을 실천하려고 몸부림친 것뿐입니다. 이 모든 열매는 성령님과 목사님 몫입니다."

모든 잔치를 마무리하고 동역자들이 한자리에 모였다. 모두가 감동받았음을 고백하면서 한편으로 불안스럽게 여기고 의심했던 마음을 회개했다고 했다.

"장로님, 앞자리에 빨간 줄을 쳐놓고는 만약 자리가 텅텅 비면 망신당하고 장로체면까지 구겨지는 것이 아닌가 하여 내심 불안했습니다. 그런데 오늘 일어난 일을 목격하고 보니, 앞으론 장로님 일을 적극적으로 도와야겠다고 생각했습니다."

나 역시 개인이 '전도결산잔치'를 했다는 이야기는 들어보지 못했다. 다만 순종한 것뿐이었다. 그런데 거의 100%인원이 참석하는 기적을 경험한 것이다. 순종만이 자유를 누리게 한다는 것을 다시 한 번 경험하는 계기가 되었다.

　　유난히 가을을 좋아하는 나는 그 겨울의 작은 기적도 꼭 가을에 있었던 것 같은 착각이 든다. 그날 저녁 아내에게서 들은 한 마디 말도 평생 잊히지 않을 것 같다.
　　"전도자 정재준 씨, 오늘 좀 멋지십디다."

상대방을 보화로 여겨라. part 05
그도 너처럼 나의 보화임을 알라

■ 우리 만남은 우연이 아니야

비가 오는 날은 사무실에 사람들 왕래가 적다. 한가한 틈을 이용해 S은행 공단지점을 방문했다. 금융기관도 업무상 중요 거래처 중 하나다. 은행의 인사발령 시즌이 되고 새로운 직원들이 부임했다기에 안면도 익힐 겸 부지점장으로 발령받아 온 사람을 찾았다.

"어? H차장이 승진해서 오셨네요."

"법무사님 반갑습니다. 염려해줘서 잘 된 것 같습니다."

3년 전부터 알고 지내던 사람이다. 그 때는 내가 사람을 거래 관계로만 보던 시절이었다. 전도자로 살아가고 있는 상태에서 다시 만나니 더없이 반가웠다.

"어디 새로운 명함 좀 받아봅시다."

"네 그러시지요."

"부지점장님은 여전히 활력이 넘쳐 보이네요. 본부에서 사람을 알아보는 것 같군요. 파랑색 넥타이도 뭔가 의미가 있어 보여요."

"그런가요?"

"나는 푸른 꿈의 소유자라고 크게 광고하는 것 같은데요."

"그 말씀을 들으니 예전에 제가 품었던 꿈이 생각나는군요. 제가 강원도 깡촌에서 어렵사리 공부했기 때문에, 어른이 되면 불우한 청소년들을 돕고 싶다는 생각을 했었거든요."

"멋진 꿈이군요, 나는 '꿈쟁이'를 만나면 그 날은 밥을 안 먹어도 배가 부르답니다. 부지점장님 오늘 나에게 멋진 선물을 주신 겁니다. 내가 교회 다니는 것은 알고 있지요?"

"그럼요, 3년 전부터 익히 알고 있었지요. 지점에 오셔서 점심은 사주셨지만 저녁에 술을 사준 일은 없었지요, 아마? 하하, 그 때도 오시면 늘 웃는 얼굴로 따뜻하게 대해주셔서 큰형님처럼 생각하고 있었습니다."

"저런, 그런 줄 알았다면 더 잘해 줄 걸."

"장로님은 3년 전 보다 더 활력이 있어 보이십니다. 아주 행복하게 사신다는 얘기도 들었습니다."

"역시 소문은 빠르다니까. 오늘 이렇게 만났으니 새롭게 해주고 싶은 말이 있는데 들어 보실래요?"

"좋습니다."

"사실 내가 작년부터 깊이 깨닫고 정리한 문구가 있습니다. 그것은 만남엔 결코 우연은 없다는 것이 그것입니다."

"저야 뭐 유행가를 따라 불러보기는 했지만, 만남의 의미를 깊이 생각해보진 않았습니다."

"나는 2년 전부터 사람과의 만남을 아주 귀하게 여기게 되었습니다. 그 전에는 일거리를 더 확보하기 위해서나 내 쪽 일을 유리하게 만드는 것을 우선시 했는데, 성경을 다시 읽고 설교를 새겨들었더니 가장 소중한 것이 사람이라는 것을 알겠더라고요." 사람을 만나는 것은 '그 사람 인생 전부가 나에게 오는 것이다.' 라는 말을 깊이 묵상하고 있습니다.

"그러시군요."

"부지점장님을 형제라 부르면 안 될까요? 형 노릇 잘 할런지 모르겠으나 어떤 삶이 잘 사는 인생인지는 꼭 알게 해주고 싶어요."

"고맙습니다."

"승진해서 부임했으니 언제 시간 내어 점심이나 같이 합시다."

나는 접대를 위한 만남이 있을 때, 내 사무실과 같은 층에 있는 일식집을 종종 이용한다. 2002년 9월 안산법원이 개원할 당시 개업한 집이다. 내 사무실도 그 때 이전 개업했다. 나는 이 식당을 일주일에 세, 네 번 이용한다. 분위기도 좋고 종업원들도 친절하다. 점심메뉴가 따로 있어 가격부담이 없다. 음식 맛도 무난하다. 이 식당에서 점심을 나누는 진짜 이유가 또 있다. 주차하기 용이한 것은 물론 옆에 붙어있는 내 사무실에서 잠시 대화를 나눌 수도 있기 때문이다. 책상 뒤편 벽에는 시:103편5절 말씀이 걸려있다. '좋은 것으로 네 소원을 만족하게 하사 네 청춘을 독수리같이 새롭게 하시는 도다.' 사람들은 자연스레 이 말씀을 보게 되고 말씀의 의미를 나누는 소재로 활용할 수가 있다. 때로는 맞은편에 있는 시편 '여호와는 나의 목자시니 내가 부족함이 없으리로다.'라는 말씀에 대해서 이야기를 나눈다.

"혹시 이 말씀을 보면서 궁금한 건 없나요?"

여호와라는 호칭은 예수님을 구주로 영접한 사람은 누구의 허락이 없이도 하나님 방에 들어 갈 수 있다는 것과 여호와, 호산나, 독생자 예수그리스도, 아멘 같은 호칭에 대해서 궁금해 하지 않도록 늘 설명해 준다.

"그리고 이 글씨를 쓴 '늘빛' 이영애 님은 제 어부인입니다. 하하. 저는 아내가 자신의 서체로 새겨준 말씀만으로도 하루가 지루하지 않습니다."라고 은근히 아내를 자랑하는 팔불출이 되기도 한다.

나는 늘 천 원짜리 신권을 미리 준비해 지니고 식당에 다닌다. 식당에서 식사할 때 답례하기 위해서다. 종업원들의 친절에 대한 답례문화가 정착되기를 희망한다. 그래서 최저임금을 받으며 노동하는 그들의 삶이 더 나아질 수 있기를 기도한다. 그들도 하나님의 보화이기 때문이다. 며칠이 지난 후 부지점장과 점심을 함께 했다.

"부지점장님, 아니 형제님, 일요일엔 뭐 하십니까?"

"저의 어머니는 교회를 다니시지만 다른 가족은 일요일에는 그냥 쉽니다."

"슬하에 자녀는?"

"둘입니다. 큰애는 동산고등학교 2학년, 둘째딸은 중학교 3학년입니다."

"아이들과 대화는 자주 하시나요?"

"다른 집과 다르지 않지요. 어디 얼굴 볼 시간이나 제대로 있는지."

나는 다른 이들에게 요구했던 것처럼 가족의 이름을 묻고 받아 적었다. 물론 하나님께로 인도하는 올바른 자녀 양육에 관한 이야기도 길게 나눴다. 지점장 자녀와 가족을 위해 5가지 기도제목으로 기도하겠노라 선포했다.

"장로님, 저는 이런 의미 있는 대화 시간을 갖기는 처음입니다. 저희 은행원들은 늘 영업실적 때문에 긴장 속에 살지요. 법무사님 말씀을 들으니 하나님을 믿어봐야겠다는 생각이 듭니다."

"어떤 말씀이 제일 울림이 있던가요?"

"여호와는 나의 목자라는 표현은 아버지와 자녀의 친밀한 관계를 말하는 것 같았습니다. 정말 하나님과 언제든지 통할 수 있을까 깊이 생각 해봤습니다."

대부분의 사람들에게는 일종의 허기나 강박증 같은 것이 있게 마련이다. 나에게도 유년의 허기를 달래보려 끝없이 방종한 생활을 일삼던 때가 있었다. 그의 이야기를 듣고 있노라니, 가장의 의무감 못지않게 업무의 중압감에 눌려있는 것 같은 생각이 들었다. 그와 그의 가족이 진정으로 하나님을 받아들일 수 있도록 나를 보내셨다는 것을 느낄 수 있었다.

그에게 부부간의 이해를 도와주는 방법과 부부 대화법을 서술한 책 〈아침키스〉를 자녀들에게는 〈아들아 머뭇거리기에는 인생이 너무 짧다〉라는 책을 함께 보냈다.

이후, 나는 그 가족 이름을 부르며 고후:4장4절 말씀을 붙들고 기도했다. 그 가족들의 영과 혼을 미혹케 하는 어둠의 영이 그들 침소와 가정에서, 직장에서 떠나가라는 선포명령 기도였다. 주차장에서, 기도실에서, 교회에서 수시로 기도했다. 며칠 후, 은행 상담실에서 이야기할 수 있는 시간을 10분 정도 확보했다. 그 날은 그 형제에게서 영적인 분위기가 확 감지됐다.

"아내와 아이들이 편지와 책 선물을 아주 고마워했답니다."

"그래요?"

"그런데 법무사님 왜 저에게 이렇게 잘 해주세요? 실은 좀 부담스러운 측면도 있습니다."

"형제! 그리 느끼시는 것이 정상입니다. 제가 시간과 돈을 들여가며 책을 보내는 거 이유 없이 그럴 리가 있나요?"

그에게 나의 과거를 진솔하게 털어 놓았다. 그것은 사내로서의 객기를 과대 포장하는 것도 아니요, 나의 죄를 드러내어 사람들에게서 가벼이 면죄 받고자 하는 까닭도 아니다. 다만 하나님의 말씀을 전하는 도구로 쓰는 것일 뿐, 그래서 나는 때때로 학연이나 지연이 없음을 오히려 감사한다. 하나님은 물질의풍요를 통해서는 진정한 행복을 맛볼 수 없음을 알게 하셨고 최상의 행복이 무엇인지 알게 하셨다.

"아마 1986년 1월 1일 이었지요. 그 때 제가 삼십대 중반이었는데, 하나님을 만나고 보니 성경이 믿어졌습니다. 나의 모습이 적나라하게 보였습니다. 죄로 가득한 내 모습 말입니다. 세상에서 내가 가장 형편 없고 저급한 사람임을 알게 되었습니다. 그런데 이 죄 값을 내가 태어나기도 전에 예수님께서 이미 치러주셨다는 말씀이 믿어졌답니다. 그 이후로 죄와 죽음과 삶의 의미를 알게 되었습니다. 이런 앎은 지식적인 앎이 아니라, 가슴에서 지(知), 정(情), 의(意)를 통해 인격적으로 깨닫게 된 것이죠. 그 때 내 마음에 용서받았다는 감격과 자유함이 들어왔습니다. 천상의 환희가 밀려왔습니다. 하나님의 사랑이 그런 사랑임을 알았습니다. 그래서 나는 이 사랑을 누군가에게 전하고 싶은 마음이 날마다 솟아납니다. 다른 이들에게 전하지 않으면 제 마음이 너무 답답하답니다. 형제와의 만남도 결코 우연이 아닙니다. 나는 형제도 반드시 그분을 만나기를 권유합니다. 형제는 소중한 분이니 잘 모시라고 그분은 제게 말하십니다. 이것이 내가 형제를 진심으로 대하는 이유입니다. 제가 만나는 분들 모두 저의 보화입니다"

"네 에."

"형제, 한 가지 더 설명을 드릴 게 있어요."

"우리를 향한 그 분의 메시지는 교회 안에서만이 설명되고 있어요. 형제의 가족을 모두 교회로 초대하고 싶네요. 가족과 상의하시고 날짜를 정해 보세요."

며칠 후 다시 그 분과 전화대화를 나눴다.

"장로님, 다음 달 둘째 일요일 날 나가겠습니다."

그 말을 듣고 〈백절불굴 크리스천〉책을 초청 글과 함께 보냈다. 나는 목사님에게 토요일 오전에 메일로 한 주간 전도사역 보고를 한다. 이때 VIP(예비자)와 약속이 있는 것도 알린다. VIP를 예배 시작 30분전에 오도록 한다. 가족사항을 기록해서 메모지를 드린다.

목사님은 다른 때와 마찬가지로 휴식시간 30분 중에 10분여 가량 시간을 내어 부지점장 가족을 위해 4영리를 했다.

"은행에 근무하신다고 들었습니다. 부인과는 연애결혼 하셨나요?"

"네."

"부인께서는 남편을 몇 번쯤 만나보고 결혼을 하셨나요?"

"다섯 번 정도 만났어요."

"길지 않은 만남으로 결혼을 작정하신 동기는 무엇이었나요?"

"믿음직스럽다는 생각이 들었습니다. 또 남편이 빨리 결혼하기를 원했습니다.""그러셨군요. 오늘 이 자리에 정 장로님이 법무사 일만으로도 바쁜데, 이런 저런 시간을 내고 정성을 들이면서 여러분을 여기까지 오게 하는 이유가 무엇일까요?"

"저어 말씀은 많이 들었지만, 아직 잘 모르겠습니다."

"목사인 저도 9남매 중 8번째로 태어났지요. 막내 여동생이 3개월 되었을 때 어머니가 돌아가시는 바람에, 누군가가 데려간 막내 동생의 행방을 아직까지 모르고 있습니다. 아버지는 아내를 잃고 6.25 동란 이후 술에 빠져 지냈습니다. 우리 집안이 상상이 되십니까? 나도 '백절불굴' 책에 기술된 대로 어려운 과정을 거쳐 대학교에 들어갔지요. 하지만 하나님을 만나기 전까지는 하나님을 인격적으로 믿지 못했습니다. 그러다가 25세 때 대학생 신앙수련회에 참석했는데 거기서 하나님을 만났습니다. 그 날이 제 인생을 반전시킨 날입니다. 사회에 대한 불만이 가득했던 나를 변화시킨 건 돈과 권력이 아닙니다. 하나님을 만나고 나서야 인생을 어떻게 살아가야 하는지 알게 된 것입니다. 사람이 변화되는 것은 하나님을 만나는 길 밖에 없음을 알고 신학을 공부하고 목사가 되는 길을 택했습니다. 내가 친구를 따라 수련회에 가서 변화의 삶을 산 것처럼 오늘 장로님을 따라 오신 여러분, 가족 모두에게 그런 은혜가 임할 줄로 믿어집니다.

정 장로님과 제가 믿는 예수님을 구주로 영접하시렵니까?"

"네, 목사님."

"두 분이 짧은 만남에도 불구하고 부부로 살기로 믿었듯이, 목사와 장로가 믿는 하나님이라면 믿어 보겠다는 마음으로 고백하면 놀라운 은혜가 임하게 됨을 경험하게 됩니다. 믿어 보시겠습니까?"

"네."

"그러면 너희 형제자매도 부모님이 믿겠다는 하나님을 믿고 살아보겠니?"

"네."

"내 기도를 따라 해보세요. 하나님 아버지, 우리는 죄인입니다. 오늘 목사님을 통해 들은 하나님을 나의 구주로 믿고 싶습니다. 예수 그리스도께서 나를 위해 십자가에서 돌아가신 사건이 나의 죄 값을 치르시기 위해 돌아가신 것임을 믿습니다. 우리 죄를 용서해주시니 감사합니다. 이제 성경이 가르쳐 주는 대로 믿고 살아가겠습니다. 자녀 삼아주시니 감사합니다. 예수님의 이름으로 기도합니다." 아멘.

4영리가 끝나고 그들은 예배를 드리기 위해 교회 안으로 향했다. 나는 하나님을 영접하는 새내기 성도들을 볼 때마다 순간을 스치는 만남도 소홀히 해서는 안 되는 까닭을 새롭게 배운다.

part 06 너는 내가 매일 붙여주는 사람마다 집중해서 섬겨라

■ 처음처럼 I

H은행에서 차례를 기다리고 있을 때였다. 그 날 새벽에도 여느 날처럼 누군가와의 만남을 주시리라는 기대를 안고 기도했었다. 한동안 창구위에 뜨는 번호를 바라보다가 출입구 쪽으로 갔다. 청원경찰에게 다가가 명함을 건네며 지점장에게 전해 달라고 부탁했다. 곧 바로 지점장실 문이 열렸다.

"법무사님, 어서 오십시오. 우리 지점을 방문해 주셔서 감사합니다."

"아, 예 저는 바로 옆 건물 사무실에 있는 사람입니다."

그가 나를 상담실로 안내 했다. 서로 명함을 주고받으며 의례적인 인사말을 나눴다.

"지점장님은 일요일엔 뭐 하십니까?"

"아 네, 저는 순복음교회 다니고 있습니다."

"아, 그러시군요. 이왕 왔으니 은행 상품 하나 가입하고 싶습니다."

그가 직원을 호출했다. 강 차장이라는 여성이었다.

"이름이 외자네요? 지점장님 강 차장님이 있으니 이 지점은 꽃꽂이

가필요 없겠습니다."

"어허 그런가요. 제가 미처 우리 직원의 미모를 몰라 봤습니다."

강 차장이 한마디 거들었다.

"법무사님이 작업거시는 건 아닐 테니 진심으로 알겠습니다."

강 차장이 아파트 관리비를 카드로 이체하는 상품을 권했다.

"우리아파트가 제가 존경하는 분의 명의로 되어있는데 그분이 한번 방문토록 하지요."

"어머, 어떤 분이신데요?"

"저는 아내를 사랑하지만 존경하는 사람이라고 합니다."

"와아, 그래요?"

"저도 뭐 처음부터 그런 사람은 아니었습니다. 결혼 전에는 모든 걸 다 들어줄 것처럼 굴다가 마음고생을 많이 시킨 못된 남편이었지요. 결혼한 지 20년이 지나서 철이 들었습니다. 그 때부터 신혼부부처럼 살고 있지요. 기다려주고 용서해준 것이 고마워서 그리 부릅니다. 그 여인이 강 차장님을 찾아뵙게 할게요."

"아 그런 사연이 있군요. 그런데 전혀 속 썩일 분으로 안보이세요."

"이렇게 변한 또 다른 사연이 있지요. 그 이야기하기 전에 하나 질문해도 돼요?"

"네 그러세요."

"강 차장님은 일요일엔 뭐 하세요?"

강 차장은 맞벌이 부부였다. 슬하에 자녀가 둘 있다고 했다.

"신앙생활은요?"

"저희는 종교가 없습니다."

그날은 다른 이야기를 더 나누지 않고 돌아왔다. 매번 느끼는 일이지만 일요일에 뭐하느냐고 물으면 대부분의 사람들은 묻지 않은 이야기도 술술 털어 놓는다. 저녁에 집으로 돌아와 아내에게 자초지종을 털어놨다.

"강 차장은 우리의 보화요, 그 가정을 이끌어봅시다."

내친김에 다른 은행에 설정돼있던 아파트 담보 거래도 옮기고 관리비가 빠져나가는 카드도 개설하기로 했다.

며칠 후, 그 은행을 방문한 아내는 새로운 거래 절차를 마쳤다. 그로부터 일주일이 지난 다음 은행에 갔다.

"법무사님, 사모님을 뵙고 보니 존경한다고 하신 이유를 알 것 같았습니다."

"그런가요. 아내 자랑하면 팔불출이라지만 전 개의치 않습니다. 아무도 못 말리는 팔불출이 맞으니까요. 사실 저는 장가 한번 잘 간 덕분에 후반전 인생을 이렇게 신바람 나게 삽니다. 그래서 벌써부터 아내를 여왕님으로 모셔버렸습니다. 마음이 아주 편합니다."

"그러시군요."

"강 차장님, 자녀들에게 무엇을 해주는 것이 가장 큰 선물이라고 생각하십니까?"

다른 때와 마찬가지로 자녀(혜영·민영)와 남편(송정국)의 이름을 받아 적었다. 특히 자녀를 위한 5가지 기도제목을 설명해주고 기록했다. 그 이후, 가족들 앞으로 기도제목과 함께 편지를 보내면서 '아침키스'와 '파인애플 스토리' 책을 선물했다. 나는 부득이한 경우를 제외하고 이성과의 만남은 공개된 장소에서 한다. 그래서 강 차장을 만날 때는 꼭 은행으로 갔다.

"강 차장님, 저에게 굿 뉴스가 있습니다. 저는 좌절 속에서 아내의 손을 잡고 일어섰습니다. 그러나 그것은 그분이 계셨기 때문에 가능한 일이었습니다. 저를 죄책감에서 해방시켜주고 내가 누구인지를 알게 하시는 그분 말입니다. 그분이 우리를 위해 준비해둔 굿 뉴스가 있음을 알았습니다. 나의 죄 값을 치르기 위해 십자가에서 치르신 사랑을 알았습니다. 이것을 저는 알려드리고 싶습니다. 할 수만 있으면 저는 매일 그분을 소개하고 싶은 마음뿐입니다. 차장님 가족도 그분과 함께 시작해 보시지 않겠습니까? 가족과 상의하시고 교회에 오실 수 있는 날을 정해 보시죠."

"정말 장로님은 초청을 거절할 수 없게 준비 해오셨네요. 남편과 함께 나가도록 할게요."

강 차장 가족은 약속한 날에 남편과 두 자녀를 데리고 나왔다. 4영리를 듣고 교육을 이수했다. 자녀들은 교회와 학교에도 잘 적응하고 있다. 그 후, 가족을 일 년 단위로 두 차례 만났다. 2015년 여름이 지날 무렵 그 가족으로부터 식사 초대를 받았다.

■ 처음처럼 Ⅱ

나는 은행을 방문할 때는 되도록 아침 9시경에 간다. 은행원들은 업무 시작 전에 회의를 마치고 9시가 되면 손님을 맞이한다. 그래서 은행 문을 연 9시경에는 창구가 비교적 한산하다.

"해피굿모닝입니다."

"어서 오세요, 법무사님."

이 은행의 지점장은 부임한지 수개월이 지났다. 그 때까지 나는 기도로 준비를 해 왔다. 매일 선포기도를 하고 '그 영혼을 저에게 붙여주시니 감사합니다.'기도하면서 그 사람의 얼굴을 받쳐 들고 기도했다.

그가 주말이면 먼 곳에 있는 골프장에 간다는 이야기를 들었다. 그에게 CD를 선물했다.

"지점장님, 먼 거리 운전할 때 마음을 맑게 하는 찬양CD를 틀어보세요."

각기 다른 설교CD 두 장을 선물했다. 번역서 〈청소부 밥〉이라는 책도 건넸다. 그리고 다음 만남이 있을 때 앞서 권했던 CD나 책에 대해 이야기를 나누었다.

"그런데 법무사님은 무슨 재미로 사세요? 술, 담배도 안하시고. 예수 믿으면 사는 게 너무 재미없을 것 같습니다."

"지점장님, 저도 질문하나 합시다. 왜, 술을 마십니까?"

"술을 마시면 마음이 편안해지면서 긴장이 풀어지고 왠지 흥이 납니다."

"지점장님은 술을 마셔야만 그런 기분을 느끼시지요?"

"그럼요 술을 안마시면 그런 기분을 못 느끼지요."

"예수님을 만나도 그런 기분을 느낄 수 있습니다. 아니 더 기분이 좋습니다. 술 마신 다음날 아침엔 대부분 후회하게 되지요? 하지만 예수님을 믿으면 오늘 죽어도 여한이 없는 평안과 기쁨이 넘쳐나기 때문에 술을 안 마셔도 춤추며 살아갈 수 있습니다. 그분을 만난 사람은 그런 선물을 매일 받고 살지요. 나는 25년 전에 그 선물을 받았습니다. 지금도 그분께서는 주십니다. 지점장님께 그분을 소개해 드리고 싶어요."

그 지점장은 얼마 후 퇴직했다. 월피동 부근에 식당을 개업했다는 소식이 들려왔다. 수소문 끝에 그 식당에 찾아갔다. 식당은 부인이 운영하고 있었다. 그 사람은 기업체 CEO로 취직되었다고 했다. 그날은 준비해간 설교CD와 〈백절불굴 크리스천〉책과 편지를 남기고 돌아왔다. 그런데도 한동안 아무런 소식이 없었다. 그 사이 매일 새벽기도 중에 그 영혼을 위한 기도에 집중했다. 한 달이 흘렀을 무렵, 다시 찾아갔다. 여전히 그를 만날 수가 없었다. 그래서 함께 간 일행들과 식사만하고 돌아왔다. 그날도 준비해간 선물과 편지를 남겼다. 다시 간절한 기도를 하던 중에 마음에 뭔가 확신이 왔다. '한 번 더 가봐라.' 하는 성령님의 음성이 들렸다. 그 식당에서 직원회식을 하기로 했다. 부인은 우리를 반갑게 맞으면서도 미안한 표정이었다. 식사가 끝날 무렵에도 그가 올 기미가 없어 메모를 남기려던 차에 그 사람이 식당 안으로 들어왔다.

"아, 법무사님. 저를 기억하고 여러 번 찾아주셨는데도 뵙지 못해 죄송합니다. 주신 선물은 잘 받아 읽어 보았습니다. CD도 들으면서 법무사님이 예수님을 왜, 만나게 하려고 애쓰신지 알게 되었습니다. 이상하게도 하나님께서 나를 부르시는 것 같았어요. 법무사님 고맙습니다. 제가 어떻게 해야 교회에 나갈 수 있는지요?"

"주일에 나오시면 됩니다."

"아무도 못 말리는 법무사님의 열정에 감복했습니다. 당장 다음 주부터 아내와 함께 나가겠습니다."

드디어, 그 사람도 믿음 안의 삶을 시작하게 되었다.

■ 처음처럼 Ⅲ

어느 날 CBMC 조찬 모임을 마치고 나오던 길이었다. 식당 가족들과 복음을 나누지 못했다는 생각이 떠올랐다. 그동안 수없이 그 식당에서 밥을 먹었다. 그런데도 식당주인에게 복음을 전해야 한다는 생각을 못했던 것이다.

"사장님, 잠시 말씀을 좀 나눌 수 있을까요?"

"아 예, 저 이건 제 명함입니다."

"구 사장님이시구나, 제가 만난 예수님을 구 사장님 가정에도 소개해드리고 싶습니다."

"법무사님께서 저에게까지 신경을 써 주시니 감사합니다."

그날은 잠깐 동안 복음을 전했다. 그리고 매 주 갈 때마다 지루하지 않게 예수님의 사랑을 전했다. 준비해 간 자료를 건네며 복음의 핵심 말씀을 읽도록 권했다. 그렇게 수개월을 오갔다. 그러던 차에 그가 병원에 입원했다는 소식이 들려왔다.

한걸음에 병원으로 문병을 갔다. 시내병원 중환자실에서 손을 잡고 기도하자 그가 닭똥 같은 눈물을 흘렸다.

"법무사님, 제 주위에 법무사님 같은 사람은 처음이에요. 저 같은 사람에게 왜, 잘 해주시는지 모르겠어요. 고맙습니다. 제가 병원에서 나가면 교회에 나갈게요."

구 사장님이 퇴원 한 후. 그 가족은 교회에 나와 4영리를 통해 하나님을 영접하고 믿음생활을 시작했다. 그 가족은 얼마 후 평택인근으로 이사했다. 최근에도 믿음 안에서 잘 살아가고 있으며 자녀들과 함께 구내식당을 경영하고 있다는 소식을 전해왔다. 자영이와 종민이 두 자녀를 위해 기도하고 있다.

■ 법무사님, 우리 은행 출입을 삼가해 주세요

은행을 방문 할 때 뿐 만 아니라, 시간이 허락되는 대로 은행직원들에게 교회에 나올 것을 권했다. 그러던 어느 날 공단에서 가장 큰 지점에 갔다. 그런데 지점장이 나를 접견실로 안내했다.

"법무사님 교회이야기 하려거든 우리 지점 방문을 중단해 주세요."
그의 어조는 단호했다. 아마 그동안 단단히 벼르고 있었던 듯 표정도 굳어있었다. 이 말을 또 달리 해석하자면, 은행에서 진행되는 담보대출 사건을 우리 사무실에 주지 않겠다는 선전포고였다. 졸지에 밥줄을 끊어놓겠다는 엄포 아닌 엄포를 듣고 앉아있노라니, 은근히 걱정이 되었다. 그런데 그 순간 성령님께서 어떤 대답을 해야 할지를 알려주시리라는 생각이 들었다. 가슴을 벌렁이게 하는 불안을 누르고 잠시 묵상했다.

"지점장님께서 솔직하게 말씀해 주시니 감사합니다. 저도 세상 무서운 줄 모르던 젊은 시절이 있었습니다. 그 때, 만난 분이 계십니다. 저는 그분을 만나면서 내가 사는 이유와 어떻게 살아야 하는지, 내가 누구인지를 알았습니다. 그분을 만난 이후 술과 게임중독에서 해방되었지요. 그래서 오늘까지 자유함을 누리며 살아오고 있습니다. 맛 좋은 음식을 사먹게 되면 은연중에 그 음식점 자랑을 해주는 것이 사람이 갖는 선한 마음입니다. 저는 그와 같이 제가 누리는 행복을 알려주고 싶어 그분을 소개했을 뿐입니다. 나는 또 지점장님과의 만남이 우연이 아니라고 생각합니다. 내가 만난 그 분이 어떤 분인지 아셨더라면, 지점장님도 그 분을 만나게 해 달라고 제게 졸랐을 것입니다. 귀은행의 직원들이 내가 만난 그 분을 만나고 삶의 진정한 의미를 깨닫게 된다면 이 지점은 우리나라에서 가장 모범적인 지점이 되리라 확신합니다. 나는 그 분을 소개해 드리려고 교회로 초대했습니다. 그것이 그리 나쁜가요? 출입을 하지 말라고 하시면 다시는 오지 않겠습니다."

어조는 단호하게 표정은 정중하게 그리고 고객으로서의 권리를 슬쩍 얹어 당당히 의사표현을 했다. 공교롭게도 그 지점장은 1주일 후 다른 곳으로 발령받았다. 얼마 후 은행 직원에게서 연락이 왔다.

"전임 지점장님이 법무사님은 믿을 수 있는 사람이니 계속 거래를 당부하고 가셨습니다."
그 이듬해 그 은행에서 4명의 직원이 가족과 함께 교회에 나왔다.

바른 증언을 하라. part
너의 증언과 말씀을 통해 07
나의 생명수가 그에게로 흘러간다

■ 놀라워요, 놀라워요!

전도 사역을 시작한 후 나의 뇌 속엔 점차 체계적인 전도의 그림이 그려지는 걸 알 수 있었다. 눈을 뜨면 자동적으로 전날 복음을 나눈 사람의 얼굴이 그려졌다. 성경의 어느 한 부분이 갑자기 떠오를 때도 많았다.

어느 날, 눈을 떴을 때 내 머리에 에덴동산에서 가정을 이루고 사는 아담과 하와의 모습이 그려졌다. 가인과 아벨도 떠올랐다. 자녀들을 먼저 인도해야겠다고 생각한 것도 가나안 정탐을 명하는 모세에게서 힌트를 얻은 것이다. 오늘날 기성세대가 가장 민감하게 생각하는 것이 무엇인가를 기도 중에 구하다보니, 부모들이 가장 염려하고 관심을 갖는 것은 자녀라는 것을 깨달았다. 비록 부모님이 주신 것은 아닐지라도 내가 성장과정에서 때에 따라 만남의 복을 받았다는 사실이 떠올랐다. 꿈이 있었기에 환경을 극복하고 삶을 개척한 사실을 상기했다. 나는 오늘이 있기까지 사회적인 혜택을 받은 사람으로서 그 같은 나눔을 실천해야 한다고 생각해 왔다. 자녀들이 가정 안에서 보다 나은 배려를 받게 하는 것도 나의 책무라 여겨졌다. 그래서 자녀를 위한 기도를 먼저 하기로 작정했다. 그러는 한편 부모와 관계를 지속하며 그 자녀들에 대한 미래비전도 공유해 나갔다. 그리하여 전반적인 일상도 나누게 되었다.

기도하는 가운데 전도가 영적 전쟁임을 깨달았다. 그 때부터 전쟁을 치르기 위해 전략과 전술의 필요성을 절실히 깨닫게 되었다. 그래서 각각의 형편과 처지에 맞는 전략을 수립해 나가기 시작했다. 오래전에 맥아더 장군이 인천 상륙작전의 지혜를 여리고성 공략에서 얻었다는 설교를 들었었다. 그 땐 단순히 상식을 하나 더 얻은 것으로 만족했었다. 그런데 새벽마다 지혜를 구하는 기도를 하던 중에 그 설교가 번쩍 떠올랐다.

"적의 심장부를 공략해라."

공단을 향한 복음화는 어떤 전략을 세워야 할까? 늘 고민했었다. 그래서 사회에 보다 많은 영향력을 끼치고 있는 기업인들을 초청하는 계획을 세웠다. 이 계획을 세우게 된 배경은 바로 한 달 전인 2010년 12월 19일 주일에 148명의 새내기 성도를 모시고 결산예배를 드렸던 것이 큰 힘이 되었다. 성령님의 인도를 받는 복음잔치는 성령님이 책임을 지신다는 것을 이미 경험한 것이다.

2010년 말 결산잔치를 마치고 곧 바로 '국제금식기도원'에 들어갔다. 일주일 작정기도를 마치고 돌아온 후, 이 같은 계획을 목사님께 조심스럽게 밝혔다.

"교회 전체 차원에서 준비하는 것도 아닌데, 개인이 큰숲홀에서 600명이 넘는 사람을 초청하신다고요. 우선 큰 계획을 세우신 걸 환영합니다만, 이번 행사의 궁극적 목표는 무엇입니까?"

"목사님, 전도를 하게 되면 결국에는 교회로 사람들이 와야 하잖습니까? 그런데 일선에서 기업인들을 만나다보니, 믿지 않는 대부분의 사람들이 교회에 대해서 부정적인 인식을 갖고 있음을 알았습니다. 심지어 입에 거품을 물고 비방하는 사람들도 있었습니다. 교회가 무얼 하는 곳인지를 몰라서 사람들이 많은 부분을 곡해하고 있다고 생각합니다. 이런 분위기를 전환시키고 복음을 들려주기 위해서는 획기적인 계획이 필요하지 않을까요.?"

"참 좋은 생각이긴 한데……."

"목사님, 그 목적을 달성하려면 중견기업인과 CEO와 전문인들을 대상으로 '일단 한 번 와보라' 초청전도를 대대적으로 해야 한다고 생각합니다."

"그러자면 예산도 꽤 들어갈 텐데, 이를 어쩌지요?"

"저는 그동안 제 삶에 진 빚이 너무 많은 사람입니다. 그래서 전도 예산을 위해 복음 통장을 따로 만들어 놓았습니다. 목사님께서 일정만 잡아주십시오. 그리고 행사의 성패는 어차피 저희 몫이 아니니까요."

그 해 12월 18일 토요일 4시로 일정을 잡았다. 준비할 수 있는 기간은 10개월이다. 한 생명이 잉태되고 출산하기까지의 기간과 같다.

주님이 허락하신 일이기에 나에게 잉태케 하셨고, 섬김의 과정을 거쳐 10개월 후에 벌어질 일을 상상만 해도 심장이 고동쳤다.

나는 그 행사 명칭을 '소중한 만남, 아름다운 동행으로' 정했다. 그리고 기업인 600명을 초청대상자로 내정했다. 식전 행사 게스트로 바이올리니스트 박지혜 씨를 초청키로 했다. 물론 주 강사는 김인중 목사님이다. 10개월 후의 행사에 대한 제반 계획을 확정짓고 실질적 전략전술을 펼치기 위한 구체적 행동요령이 필요했다. 그들을 참석하게 하려면 어떻게 해야 하는가를 기도 속에서 찾아갔다.매일의 새벽 기도 시간은 간절한 부르짖음으로 이어졌다.

전략이 필요했고, 전술이 필요했다. 2월부터 성령님께서 주시는 영감을 받아 일차적으로 내정자 전원에게 편지를 보내기로 했다. 그리고 개별방문을 해나갔다. 만남이 이뤄진 기업인에게 2011년 12월 18일을 체크하게 했다. 이후 3개월 간격으로 편지를 보냈다. 고민 끝에 선정한 책 〈이 기쁨 주시려고〉300권을 구입하여 배송했다. 기업인 단체 모임이 있는 날에는 어디든 찾아가서 전도하고 광고를 했다. 수개월간 뻔질나게 발품을 파는 나를 보고 정치판에 나가려고 그러냐고 묻는 사람도 있었다.

"정치인이 될 마음은 1%도 없습니다. 하지만 정치인이 선거철에 표를 얻기 위해 수고 하는 것을 배우고 있는 중입니다."

그 무렵 법무사 업무는 더 바빠졌다. 고3 수험생도 명함을 내밀지 못할 만큼 시간 관리를 철저히 해야 했다. 매월 한 차례씩 메시지를 보냈다. 문자를 보내는 횟수가 잦아지자, 스팸 발송이 아닌지 따져보겠다는 통신사의 통보를 받은 적도 있었다.

7월부터 정기적으로 모여 합심기도 시간을 가졌다. 행사 진행을 도와줄 동역자를 선정하기 위해 교구에 협조를 요청했다. 개인적인 신청도 받았다. 70명의 봉사 동역자가 선정되었다. 각각의 임무를 부여하고 총 진행자로 선정된 이은정 권사님의 책임아래 여러 봉사자들이 각 팀을 맡아 진행될 수 있도록 준비에 만전을 기했다. 600명분의 뷔페를 주문했다. 날짜가 임박해지자, 여러 동역자들의 진심어린 우려의 목소리가 들려왔다.

"장로님, 연말엔 기업인들이 행사도 많은데 장로님 개인이 초청한 그분들이 얼마나 오실까요?"

또 다른 염려의 목소리도 들렸다.

"연주자 초청비와 무대장치, 선물비용에 뷔페식사비용 등 수 천만 원의 예산을 어떻게 충당할 겁니까?"

"저는 이렇게 생각합니다. 초청한 기업인들 중 한 분만이라도 복음을 듣게 할 수만 있다면 보람 있는 일이 되겠지요. 교회 건축을 위해서도 최선을 다 하는데 사람을 구하고 복음을 확장하는 일이니, 주님께서 알아서 채워주실 겁니다."

"장로님은 정말 아무도 못 말릴 사람입니다. 이젠 하나님도 못 말리실 것 같다니까요, 허허"

잔치 날이 며칠 앞으로 다가왔을 때, 기도제목의 우선순위는 날씨였다. 날씨는 전혀 내 능력 밖의 일이기에, 아버지께 맡겼다. 초대받은 사람들의 마음에 감동을 주는 것도 성령님께서 하실 일이었다. 나는 오직 준비한 그릇대로 사람들을 보내주시리라는 믿음으로 준비에만 전력을 다했다. 행사 1개월 전에 초대장을 보내고 각종 준비물 점검에 들어갔다. 1주일 전부터 각종 리허설과 봉사자들의 동선을 점검했다.

"장로님, 정말 손님들이 이 홀에 꽉 찰까요?"

"저는 한 번도 빈 의자가 남으리라는 생각을 안했습니다. 저는 아버지가 어떤 분이신지 알기에, 불안하기는커녕 기대감만 넘칩니다."

그 날의 표어를 '놀라워요, 놀라워요.'로 정하고 교회에 현수막을 걸었다. 행사 동역자들이 모일 때 마다 '놀라워요, 놀라워요.'를 선창하고 그 말이 자동적으로 튀어나오게 해달라고 주문했다.

그날이 가까워질수록 전쟁터로 달려 나가는 장수처럼 심장이 떨려왔다. 밤마다 간절한 기도 속에서 주님과 독대했다. 일 년 전부터 계획하고 걸어온 이 발걸음이 내 인생에서 가장 귀한 것이 되게 해달라고 간구했다. 기도 중에 그간에 헌신적으로 함께 해준 동역자들과 아내에 대한 고마움이 감동적으로 밀려왔다. 초청잔치 하루 전에는 '정장로 수고했다. 내가 어떻게 행하는지 너는 바라만 봐라.'성령님의 위로가 임했다.

드디어 그날이 왔다. 이틀 전까지만 해도 강한 바람을 동반한 12월의 한파가 몰아쳤었다. 그런데 행사 전날부터 추위가 풀리더니, 당일에는 마치 봄날처럼 날씨가 화창했다. 안내를 맡은 동역자들은 3시부터 위치점검을 완료했다. 시장과 총장 그리고 경제단체장 20여 명은 목사님의 접견실에서 차를 나누고 정시에 입장할 수 있도록 계획했다.

행사 1시간 전부터 자동차의 행렬이 꼬리에 꼬리를 물고 교회 주차장 입구로 들어 왔다. 이어 홀 안으로 초청자들의 발걸음이 쉼 없이 답지했다. 마치 이날을 고대하고 있었던 것처럼 예상을 넘는 기업인들이 동부인 초청에 응했다.

당초엔 600여 명이 참석하리라 예상했었다. 그런데 그 이상 분들이 초청에 응했다. 정해진 시간에 행사의 막이 올랐다. 천상의 선율을 자아내는 바이올리니스트의 연주가 40분간 이어졌다. 나는 차례를 기다리며 목사님을 소개하기 위해 떨리는 가슴을 진정시키며 초대의 말을 되뇌었다.

"우리에게 우연은 없습니다. 저는 여러분과의 만남을 최고의 선물로 알고 소중한 만남으로 연결하고자 이 자리에 모셨습니다. 그리고 오늘의 중요한 목적이 또 하나 있습니다. 안산시를 뜨겁게 사랑하는 지도자 한 분을 소개해드리고 싶습니다. 김인중 목사님을 소개합니다. 목사님께서 창조자 하나님을 잘 소개해 주실 겁니다. 저는 여러분이 그 분을 만나시기를 꿈에서도 소원하고 있습니다. 제 소원이 곧 여러분의 소원이 되기를 소망합니다."

그 날 목사님은 미리 마련된 흰 양복을 입고 단위에 섰다. 가난한 세월을 딛고 예수님을 만나 목사가 된 과정을 이야기했다. 학력과 경력 또는 사회적 위치에 따라 대접이 달라지는 세상에서 목사님은 자신의 흉, 허물까지 진솔하게 털어놓았다. 그것은 설교가 아니었다. 한 인간의 진실한 고백이었다. 좌중을 사로잡는 목사님의 설교와 예배가 끝났다. 모든 행사를 마치고 뒤이어 식사시간이 이어졌다. 식당의 좌석이 오백 명 이상을 수용할 수 있었지만, 12월 중순의 날씨가 너무 화창해서 로비에서 이백 여 명이 따로 식사를 할 수 있었다.

성령님이 뜨겁게 임한 12월 18일 오후, 700여 명이 한자리에 모여 풍성한 식사를 나눴다. 참석자들은 이구동성으로 초청에 감사를 표했다. 목사님의 저서 〈백절불굴 크리스천〉과 배수현 장로님이 기증한 〈진심으로 키스해주세요〉, 송계환 집사님의 찬양CD가 선물로 증정되었다.

그 날의 잔치 결과, 기업인들의 교회에 대한 부정적인 인식을 바꾸는 효과가 있었다. 그 후로 만나게 된 기업인들에게서 교회가 세상에 희망을 주고 선한 영향력을 주는 공동체라는 것을 알았다는 이야기를 자주 듣게 되었다. 또 동역자들은 '놀라워요'를 경험했다며 전도의 의지를 새로이 세우는 계기가 되었다고 말했다. 하나님은 준비하고 믿음으로 구한대로 착오 없이 채워주셨다. 그 잔치 후, 기업인 수십 가정이 순차적으로 교회에 나왔다. 이어 NGO법인 굿파트너즈에는 많은 기업이 후원을 신청하는 놀라운 일이 일어났다.

아내에게 인정받고 part 담임목사에게도 **08** 인정을 받아라

■ 평범한 날들을 위한 기도

2009년부터 주위 사람들에게 전도여정을 시작했다고 선포했지만, 목사님에게는 곧 바로 말씀을 드리지 못했다. 확신이 설 때까지 미루다가 1년이 지난 2010년 부흥회가 끝났을 때, 담임목사님의 방문을 노크했다.

"목사님, 저처럼 허물 많은 사람이 전도자로 나서는 것이 정말 옳은 일일까요?"

"물론이지요, 장로님."

목사님은 성경 말씀을 들려주시며 새롭게 시작하려는 나에게 비전을 제시해 주셨다. 나는 그 자리에서 목사님에게 약속했다.

"제가 전도사역 보고를 매 주 드리겠습니다."

그건 나를 항상 깨어있게 하려는 장치 같은 선포였다. 그 때부터 1주일 단위로 3년 동안 메일로 전도사역을 보고했다. 시간이 흐른 후에는 한 달 간격으로, 현재는 전반기 후반기로 나누어 보고한다.

첫 전도가정을 모신 이후부터 VIP(예비자)를 주일마다 모셔갈 수 있었다. 그동안 참으로 다양한 계층의 사람들이 나왔다. 물론 사전보고는 잊지 않았다. 2부 예배를 마치면 30분간 휴식 시간이 주어진다. 나는 VIP(예비자)의 영혼을 위한다는 이유로 목사님의 휴식을 뺏는 성도가 되어갔다. 그러나 목사님은 단 한 번도 예비자를 성의 없이 대한 적이 없었다.

2010년부터 무원칙 돌격대 같던 방식을 수정해 나갔다. 새로운 방법은 '꿀벌이 꽃을 해하지 않고 꿀을 따고 수분을 시켜 열매를 맺게 하는' 원리를 적용키로 했다. 눈에 보이는 결과를 얻으려 조급하게 굴지 않으면서 상대방이 나와의 만남을 기다려지게 해야 한다는 전략을 궁리했다.

전도는 증언이므로 사도행전 26장, 바울의 간증을 통해 힌트를 얻었다. 3분 이내 분량의 간증문을 작성해서 연습했다. 마치 박빙 지역구에서 한 표를 호소하는 정치가처럼 간절한 마음을 담았다. 그리고는 자녀들을 위한 기도를 시작으로 전도사역의 지평을 넓혀가게 되었다. 혹자는 영리하게도 자녀를 매개로 이용해 전 가족초청 전도를 한다고 나를 매도할지도 모른다. 그러나 자녀를 위한 기도보다 확실한 전도는 없다. 전도는 세대에서 세대로 이어져 가야한다. 자녀는 미래의 부모다. 따라서 미래의 부모들에게 믿음의 뿌리를 공고히 내리는 것이야말로 성경에서 교훈하는 전도임을 확신하게 되었다.

2010년도 결산 잔치 이후에 2011년도 기업인 초청행사를 진행하는 과정에서 나에게 불어 닥친 장애물이 여럿 있었다. 그중에서 나를 많이 힘들게 했던 사건이 있었다. 우리 사무실 직원이 은행직원의 업무를 도와주는 과정에서 발생한 금전사고였다. 은행 피해액만 일억 원이 넘었다. 그 사건을 세세히 살펴보니, 은행원의 과실이 더 컸다. 은행 담당직원은 스스로 손해를 책임져야 마땅한데도 나를 찾아와 '어찌하면 좋겠습니까?'하고 내 의사를 물었다. 참으로 난감했다. 한창 기업인 초청전도에 심혈을 기울이던 때였다. 그런데 이 중차대한 시기에 내게 왜 이런 일이 일어났을까? 답답했다. 마음을 진정시키며 기도했다. 우리 직원이 심부름하던 과정에서 발생한 일이지만, 우리직원에게 손해액의 일부를 배상하라고 할 수도 없는 노릇이었다. 더욱이 이들에게도 복음을 전하고 있을 때였다. 기도 중에 우선 사람을 살리고 봐야한다는 생각이 들었다. 보름간 고민하다가 결국 내가 감당키로 했다. 기도 중에 임한 성령님의 음성은 사람을 구하라는 감동의 말씀이 있었다. 내가 가진 것 중 모자란 돈의 일부는 대출을 받고 모든 손해를 떠안았다. 은행직원은 수차례나 감사하다는 인사를 전해왔다. 하지만 지금은 그 사람 소식을 알 길이 없다. 그를 위해 기도하고 있다.

그 후, 우리 사무실 여직원도 퇴사했다. 얼마 전에 그 여직원을 우연히 만났다. "법무사님께서 그 때 은행원과 저의 실수를 안아 주신 것에 감동이 되어 신앙생활을 열심히 하고 있어요. 열심히 살겠습니다."
살아가노라면 뜻하지 않은 고통을 맛보기도하고 내가 베푼 것보다 더 큰 사랑을 받을 때가 있다. 나는 인생의 다사다난한 질곡을 겪으며 평범한 날들이 얼마나 큰 행복인지를 알게 되었다. 때문에 내가 의도했거나 우연치 않게 휘말린 사건들도 가급적 많이 양보하며 살고 싶었다. 그 양보로 인해 누군가가 더 큰 고통을 겪지 않게 되기를 진심으로 원했다. 그것이 곧 전도자의 도리요 사람 된 도리라 여기게 되었다.

어느 날 한 여성이 누군가의 소개를 받았다며 찾아왔다. 의뢰받은 업무가 끝났을 때, 그 고객은 저녁을 사겠노라고 제안했다. 예전 같으면 별생각 없이 응했을 것이다. 그러나 이 새로운 여정에서는 사소한 부분도 분명하게 선을 그어야겠다고 생각했다. 아무리 작은 일일지라도 오해의 불씨를 남기지 않기로 했다. 자라보고 놀란 가슴 솥뚜껑보고 놀랄 수도 있으니, 아내를 더 이상 힘들게 하고 싶지 않았다. 이성과 개별적인 만남은 어떤 명분을 막론하고 차단하기로 했다. 필요할 경우에는 공개적인 장소나 또는 제3자를 대동하고 미팅을 했다. 그리고 분명한 목적이 있을 때라는 원칙을 세웠다.

그 여성고객에게서 저녁식사 제안을 받았을 때 나의 대답은 '고맙습니다. 헌데 저는 이성과 개별적으로 만날 때는 아내와 함께하는 원칙이 있는데, 괜찮겠습니까?' 하고 반문했다. 나를 신기하게 바라보는 그 분에게 전단지를 내보이며 안산동산교회에 대한 소문을 들었는지 물었다.

"안산동산교회는 동산고등학교를 세우고 시민들에게 꿈과 희망을 주는 교회입니다."

그 고객은 2년 후 '교회에 다녀갑니다.'라는 짧은 문자를 보내왔다. 집에 돌아와 아내에게 보고했다.

"여보, 존경하는 영애씨! 당신처럼 목사님도 예전의 나를 많이 잊으

셨을까요?"

■ 그럼에도 불구하고 기도하리라

탄력을 받은 용수철처럼 한창 전도의 온도를 높여가고 있을 때, 한 통의 전화를 받았다.

"법무사님은 분명히 동산교회 장로님이시죠?"

"네, 그렇습니다."

"당신이 내 원수에게 코치를 잘해서 내가 소송에서 억울하게 졌잖아, 장로라는 사람이 그럴 수 있어? 엉."

어이가 없었다. 내가 잘 해서 이긴 것이 아니라 판사가 증거서류를 잘 판단해서 낸 판결이라고 설명해도 막무가내였다. 계속해서 고함을 지르고 괴성을 뿜어내서 소름이 끼쳤다. 하지만 얼마나 답답하면 그럴까 생각하다가 그를 움직이는 어둠의 영이 있다는 감이 들었다. 재판에 아무런 하자가 없는데 나를 잠시라도 힘들게 하는 것들이었다. 교회 앞에 현수막을 걸겠다기에 '거십시오.' 했다. 혹시 소동을 일으킬 수도 있을 것 같아서 목사님께 보고했다. 실제로 그런 일은 발생하지 않았지만, 법무사 생활 20여 년 동안에 처음 겪은 일이었다.

나도 남들처럼 살아오는 동안 셀 수 없이 많은 우여곡절을 겪었다. 그러나 뜬금없는 구설에 휘말릴 때처럼 허탈한 일도 없다. 그날도 전화기 너머에서 엉뚱한 소식이 들려왔다.

"정재준 법무사님이십니까?"

"네 그렇습니다." "상록경찰서 고소접수담당 경찰관입니다. 법무사님에 대한 고소장이 접수되었는데 좀 석연치 않아서 몇 가지 질문하겠습니다. 이00씨가 직원으로 있다가 퇴사했습니까?"

"네 맞습니다."

"그 사람 명의의 펀드통장을 법무사님이 본인 동의 없이 해지했다며 고소를 해 왔습니다. 어찌된 일입니까?"

"그 통장은 퇴직금을 적립할 목적으로 본인동의하에 만든 통장입니다. 내가 매월 불입했고요. 퇴직할 시에는 인출하여 퇴직금으로 지급하기로 했던 것입니다. 모든 절차는 직원의 동의를 받은 것입니다."

"아 그렇군요, 알겠습니다."

사실, 그 직원은 입사 초에 승용차가 없어서 아내의 차를 무상 지원하기도 했었다. 내 입장에서는 많은 배려를 했다고 생각했는데, 그의 입장에선 뭔가 부족한 것이 있었나보다.

그 직원은 퇴직 후, 본인에게 확인 받지 않고 돈을 인출해 줬다는 것을 빌미로 은행 담당직원을 찾아가 상상을 초월한 돈을 요구했다. 그래도 돈을 받아낼 수 없게 되자, 금감원에 고소하고 협박했다. 목적을 이루지 못하자 마지막 수단으로 나를 고소했던 것이다. 나는 그로 인해 법적인 책임은 지지 않았지만, 가장 큰 거래처였던 은행출입을 못하게 되었다. 따라서 은행의 대출 사건 수임도 의뢰받을 수가 없게 되었고, 우리 사무실은 막대한 손실을 입었다.

몇 년이 지난 어느 성탄 전야에 그 부모와 마주쳤다.

"장로님, 뭐라고 말씀을 드려야 할지 모르겠습니다. 정말 죄송합니다."

그와 가족을 위해 기도하고 있다.

이제 내가 part
너를 인도 하리라 09

■ 기적

안동에서의 일이다. 우리 부부는 은퇴 후 대구에서 요양 중이셨던 윤재수 목사님 병문안을 하고 안동으로 돌아가기 위해 영천을 지나 의성으로 이어지는 도로를 내가 운전해 가고 있었다. 그 산길은 유독 굽이진 고개 길이었다. 고개를 넘기 위해 오르막 길 정점에서 내리막길로 접어든 순간 느닷없이 빙판 길이 나타났다. 소낙비가 소잔등을 두고도 다툰다더니 눈이 내린 곳과 안 내린 곳의 경계가 하필이면 경사진 고개 길이었다. 차가 순간 빙판을 탄 사실을 감지했다. 순간이었다.

아! 그런데 그 순간 누군가가 나를 포근하게 감싸는 것을 느낄 수 있었다. 기도원에서 주님을 만났을 때 어루만지던 손길과 같은 감촉이었다. 마치 영화의 한 장면을 보는 것처럼 표현키 어려운 환상을 보고 있었다. 차는 순식간에 커브길 10미터 아래 낭떠러지로 사정없이 굴렀다. 굴러 떨어진 차는 뒤집혀서 폐차를 해야 할 만큼 형편없이 찌그러졌다. 그런데도 우리 부부에겐 그 상황은 느낄 수가 없었고, 오히려 평안함 속에 있었다. 나는 안전벨트를 매고 있었다.잠시 후, 정신을 차리고 보니 거꾸로 굴러 떨어진 차의 지붕에 반듯이 앉아 뒷좌석 시트 벽에 손을 얹고 있었다. 정신을 가다듬고 아내를 불렀다. 조수석에서 안전벨트를 매고 있지 않던 아내가 조수석 의자를 머리에 인 듯이 반듯하게 앉아있었다.

"괜찮소?"

"어? 멀쩡해요. 당신은요?"

거짓말처럼 아내는 계속 반듯하게 앉아 있었다고 했다. 나는 환상을 보고 있어 떨어지는 소리도 듣지 못했다. 우리 부부는 한 군데도 그어떤 상처도 입지 않았을 뿐만 아니라, 그 어디에도 치이거나 부딪힌일이 없었다. 지나가던 차량들이 멈춰서고 사람들이 달려왔다. 차체가종잇장처럼 구겨져서 창문을 깨부수고서야 우리 부부를 차 밖으로 끌어낼 수가 있었다. 그 순간에 이사야 43장 '너는 두려워 말라. 내가 너를 구속하였고 내가 너를 지명하여 불렀나니 너는 내 것이라.' 네가 물가운데, 불 가운데로 지날지라도 내가 너와 함께 한다는 말씀이 떠올랐다. 그 사고가 꼭 성경 말씀을 현실로 재현해 놓은 것만 같았다. 과학적으로, 상식적으로 설명을 할 수 없는 사건이었다.

"정말로 누가 나를 안고 있다가 차가 멈췄을 때 다시 앉혀준 것 같았어요."

아내는 그 순간을 그렇게 말했다. 나는 그 일을 오래도록 잊지 않으리라 다짐했다. 그러나 나는 방종한 세월을 돌고 돌아 전도여정을 시작한 후에야 자동차 사고의 의미를 깨달을 수가 있었다. 하나님은 내가 방탕한 길로 접어들지 않게 하시려고 새 생명을 주심으로써, 내 영혼을 깨어있게 하셨던 것이다. 그러나 자동차 사고로 인한 놀라운 기적의 여운이 채 가시기도 전에 나를 위해 기도해 온 이들을 배신한 세월을 살았다. 기도와 말씀을 버리고 육신이 잡아끄는 대로 행동하며 하나님과 점점 더 멀어졌다. 그 때 아내마저 기도의 끈을 놓아버렸다면, 나의 미래는 고사하고 아내와 자식들의 삶도 어둠의 구렁텅이에 빠졌을 것이다.

"여보, 은혜를 입으면 기억력이 좋아지나 봐. 지나간 날들이 또렷이 기억나니 말이오. 게다가 새로운 후반전을 시작하게 되었으니, 날마다 해피 굿모닝이지 않소."
"날마다 고백하는 당신을 누가 말리겠어요."

나름, 많이 노력했지만 전도여정에서도 아내의 마음을 늘 편하게 해줬던 것은 아닌 모양이었다. 나는 매일같이 만날 사람들을 위해 치밀하게 준비하고 항상 기도하며 VIP(예비자)를 위한 대화를 구했다. 그러나 아내에 대해서 더 철저하게 그의 아픔에 동참하여 위로를 주지 못한 남편이었다. 하나님은 내가 많은 전리품들을 밖에서 가져와도 아내의 마음을 녹이지 못한다면, 그것을 기쁘게 받아들이지 않겠다고 하신다. 깊이 생각해보니, 내가 놓치고 있었던 또 하나의 숙제였다.

하나님은 내 인생길에 아내를 등대로 세워주셨다. 지금은 전도여정의 고단한 짐을 아내에게 부려놓을 수 있도록 화목한 가정을 세워주셨다. 나는 기회가 있을 때마다 사람들을 우리 집으로 초대한다. 아내가 푸근하게 가꾼 우리 집도 훌륭한 전도의 도구라 여기기 때문이다. 아내도 집으로 초대되어 오는 사람들을 항상 환영한다. 고달픈 뒷바라지는 대부분 아내 몫이지만, 싫은 내색을 보인 적은 한 번도 없었다.

죽음과도 같은 잠에서 깨어 아침 해를 바라볼 수 있는 것이 기적이라는 사실을 아는 사람은 드물다. 전날과 다름없이 태양은 떠오르고 봄이면 꽃이 피고 여름이 가고 가을이 오는 이치를 하나님의 기적으로 여기는 사람 또한 드물다. 지상에 하나님의 기적이 임재하지 않는 순간은 없음에도 불구하고 대다수의 사람들은 그 크고 온화한 기적을 자각하지 못한 채 살아간다.

나는 이제 기적이 자동차 사고나 전쟁의 포화 속에서 살아남는 것만이 아니라는 것을 안다. 오늘 만난 사람을 내일 다시 볼 수 있는 것이야말로 하나님이 주신 기적이요, 사랑이요, 은혜이다.

"여보! 간밤에 보고 오늘 다시 볼 수 있으니, 해피 굿모닝이오."

나로 인해 드리워진 주름살을 보면서 평생 갚아도 못 갚을 아내사랑에 뜨거운 감사 키스를 보낸다.

"할렐루야."

chapter *08*

나의 전도는 현재 진행형

· · ·

엘리베이터에서
선택, 그 위대한 축복
아름다운 사람

part 01 엘리베이터에서

출근길에 엘리베이터를 탔다. 초등학생으로 보이는 남자 아이가 엘리베이터를 타고 내려오는 중이었다.

"몇 층에 사니?"

"20층이요."

"나는 13층에 사는 아저씨야. 그런데 네 꿈은 뭐니?"

"저요? 과학자요."

1층에서 엘리베이터 문이 열리고 아이가 먼저 내렸다. 아이의 걸음걸이에 맞춰 따라 걸으며 계속 말을 걸었다.

"아참, 이름이 뭐지?"

"6학년 김종학이요."

"과학자가 되고 싶다니 아저씨가 도움이 될 만한 책을 선물하고 싶은데 어떠니?"

"진짜요?"

마침 우리 집에는 도서출판 성우에서 보내온 초등학생용 과학 신간 도서가 한 박스 있었다.

"오후에 아저씨 퇴근시간에 맞춰 우리 집으로 오너라."

아이와 전화번호를 교환하고 헤어졌다. 오후에 집으로 돌아와 전화를 거니 아이가 쪼르르 내려왔다. 같은 아파트에 사는 때문인지 낯선 사람에 대한 경계심은 없어 보였다.

"네가 보고 싶은 걸로 세 권만 골라봐."

"우와 세 권이나요? 감사합니다."

"그런데 아버지는 무슨 일 하시니?"

"한의사요."

그날 이후, 가끔씩 아이에게 메시지를 보냈다. 그리고 축복의 글을 적은 카드와 함께 '리더십 여행'이라는 책을 20층 우편함에 넣었다. 얼마 후 아이의 부모로부터 감사를 표하는 전화가 걸려왔다. 그 후 자연스레 인사가 오가고 집에서 차를 나누는 사이가 되었다.

"의사 선생님은 불교를 믿으신다고요?"

"네. 저희 가족은 모두 불교신자입니다."

"예전엔 저희 집도 그랬었지요."

"그런데 어떤 계기가 있었나요? 실은 가끔 두 분을 먼발치서 본적이 몇 번 있는데 늘 다정해 보이시더라고요."

"그럼요. 아주 큰 계기가 있었지요. 말하자면 아주 긴 얘기지만, 제가 한 때는 좀 놀았던 사람이었습니다."

"정말입니까?"

"하나님이 아니었다면 저는 폐인이 되었거나 범죄자가 돼 있었을 겁니다. 하나님만이 구원이라는 걸 뼈아프게 경험했지요. 제가 하나님을 몰랐다면, 아이들에게 말을 붙이는 사람이 되었겠습니까?"

"아니 무슨 말씀을?"

"아마 점잖이나 떨면서 주변사람들에게 관심조차 두지 않는 각박한 사람이 되었겠지요. 제가 정신 못 차리고 살 때 우리 집사람이 하나님을 꽉 붙잡고 저를 기다려 줬지요."

"그래요? 그런데도 다정해 보이는 장로님 내외분을 뵈면 장로님이 믿으시는 하나님에 대해 저도 궁금해지긴 하더군요."

그들 부부에게는 형제가 있었다. 나는 그들이 돌아 갈 때 아이들이 읽을 책과 이어령 선생의 '지성에서 영성으로' 책을 선물했다. 오직 학문을 탐구하던 한 지성인이 크리스천이 되어가는 과정이 담긴 책이라는 설명을 덧붙이는 것도 잊지 않았다. 그 후로도 나는 그 가족에게 몇 권의 책을 더 선물했다. 우리와 교제를 나눈 지 4년이 되던 해에 이들 부부가 커다란 사과 박스를 들고 우리 집에 왔다.

"하하, 저는 다른 과일은 몰라도 사과는 반드시 받습니다. 혹시 나에게 사과하고 싶은 것이 있었는데, 그 맘도 모르고 사과를 안 받으면 마음이 상하실테니까요."

"아니 이런 농담도 할 줄 아는 분이셨어요?"

"어허, 제가 왕년에 좀 놀아본 사람이라니까요."

언젠가 그분들이 나에게 물었다. NGO 사역을 하는 이유가 뭐냐고. 어떻게 부부가 그리 화목하게 사느냐고. 언제나 한 결 같이 기쁘기만 하냐고.

인생살이가 어찌 매일 기쁠 수 있으며, 매일 보는 사람이 한 결 같이 사랑스러울 수 있을까마는, 나는 그분을 만나서 사람을 사랑하게 되고 삶이 바뀌게 된 이야기를 열정적으로 전했다. 내가 피조물이라는 사실을 알기에, 또한 그분으로부터 날마다 행복에너지를 공급받고 있기에. 아내를 처음 만난 연인처럼 사랑하며 살게 되어서 행복하지 않을 도리가 없노라고.

"그분은 세상이 줄 수 없는 환희와 평안을 주십니다. 모진 풍파가 밀려와도 모든 걸 그분께 맡기면 고단함도 두려움도 이길 수 있습니다."

그들은 아직까지 교회에 나오지 않고 있다. 그러나 나는 그들과 진실한 이웃이 되어가고 있는 날들을 아낀다. 언젠가 그들도 하나님의 은혜 안에 들어오리란 걸 믿는다.

2015년 10월에 있었던 CBMC 행사에 초청했을 때, 그들 부부는 큰 거부감 없이 초대에 응했다. 머지않아 CBMC 조찬 모임에도 참석할 뜻을 내비쳤다. 종학이는 2016년도 동산고에 입학하게 되었다. 나는 그 가족의 마음 빗장이 하나님을 향해 환히 열리는 날을 위해 쉼 없이 마음을 보내고 있다.

선택,
그 위대한 축복

나는 주로 목욕탕 이발소에서 머리를 깎는다. 이발을 하러 갈 때마다 단골 이발소의 이발사에게 교회에 나올 것을 권했지만, 그는 주일에 교회를 나올 수 없다고 했다. 한 동안 그 이발사를 위한 방안을 찾지 못했다. 그러다가 2010년부터 이발을 할 때마다 지속적으로 예수님의 삶을 이야기하기 시작했다. 이발소 사장님은 30년 이발업을 하면서 수많은 크리스천을 만났지만, 나 같은 사람은 처음이라고 말했다. 다른 사람들은 느닷없이 찾아와서 교회 다니느냐고 몇 마디 말을 하다가는 며칠 만에 시들해진다는 것이었다. 이제까지 예수님의 생을 나처럼 세세히 소개를 해준 사람도 없었다고 했다.

그가 생업 때문에 주일에 교회에 나올 수 없다기에 이발소에 갈 때마다 복음에 대해 구체적인 내용을 들려주고 〈월간큐티〉책을 선물했다. 이 때부터 주일 날 교회에 나올 수 없는 사업자나 근로자들을 위해 현장에 찾아가서 맞춤형 전도를 해야겠다는 생각을 하게 되었다. 어찌 보면 하잘 것 없어 보이는 이 계획은 오로지 나의 선택이었다. 하지만 그것을 받아들이는 사람은 분명 삶에 한 획을 긋는 선택을 하게 되리라는 확신이 있었다.

'인생은 B(Birth 탄생)와 D(Death 죽음) 사이의 C(Choice 선택)이다'라는 말을 설교시간에 들은 기억이 있다. 사람이 태어나서 죽는 순간까지 선택하지 않고는 살아갈 수 없다는 내용이었다. 토인비는 인생을 '도전에 대한 응전'이라고 표현했다. 성경은 부르심에 대한 각자의 반응이 삶을 결정한다는 것을 알게 한다.

호렙산에서 부름 받은 모세, 갈릴리 해변에서 부르심에 반응한 제자들, 다메섹의 길 위에서 부름을 받은 사도 바울의 반응은 부르심에 즉시 순종한 위대한 선택이다. 주님은 국가나 교회 단체에도 맞는 역할을 주시기도 하지만, 하나님 나라를 세우시기 위해 한 사람 한 사람을 부르신다는 걸 성경을 통해 밝히고 있다. 무익하고 허물 많은 나에게도 부르심에 서게 되는 축복의 순간이 있었다. 그 과정에 이르기까지 나의 삶도 그리 순탄치만은 않았다.

하나님은 우리의 머리카락 한 올까지도 세시는 분이시다. 우리의 모든 일상을 알고 우리가 순간적으로 생각한 것들도 다 챙기신다. 우리 모두가 하나님에게서 선택받은 백성들이기 때문이다. 다만 하나님은 우리에게 선택할 수 있는 자유의지도 주셨다. 순종을 통하여 하나님의 선택을 받아들일 수 있는 축복어린 선택권을, 그러나 많은 사람들이 심지어는 교회에 나와서 예배를 드리는 사람들조차도 하나님의 부르심을 외면하고 자신의 뜻을 먼저 세우려는 사람들도 많다. 나도 그 같은 사람들과 다르지 않았다. 나의 성공, 나의 체면, 나의 자존심, 나의 미래, 나의 가족, 나, 나, 나 … 끊임없이 나를 앞세우며 하나님을 내 소망의 심부름꾼쯤으로 착각하던 때가 있었다. 그러나 순종을 통하여 깨달은 것이 있다. 내가 끊임없는 걱정 속에서 말초적인 향락에 젖어 추락하는 피조물로 살아가도록 만들어진 것이 아니다 라는 것이다.

그리하여 시편37장4절 '또 여호와를 기뻐하라, 그가 네 마음의 소원을 네게 이루어 주시리로다.'를 새기며 하나님으로부터온전히 쓰임받는 전도자의 길을 걷기로 서원했다. 그 후로는 성경의 이르심과 같이 내 안에서 생수의 강이 흐르는 삶을 살고 있다. 그런 까닭에 이전과 달리 매일 싱글벙글 거리는 나에게 사람들은 자주 묻는다.

"왜 그렇게 열심히 전도하세요?"

그러면 나는 주저 없이 대답한다.

"나를 살게 하니까요. 전도를 하지 않으면 저는 아마 숨을 쉴 수가 없을 겁니다. 전도는 저의 심장을 뛰게 하고, 저를 행복하게 합니다. 저는 이 벅찬 행복을 날마다 다른 사람들과 나누고 싶습니다."

"혹 그 선택을 후회하지는 않으세요?"

"후회라니요, 이 선택은 제가 한 것이 아닙니다. 저는 다만 순종할 뿐입니다. 하나님이 하시는 일에 후회라니요. 저는 틀림없이 사람을 낚는 어부로 선택받은 사람입니다."

"사업에 매진하셨다면 더 많은 부를 축적할 수도 있었을 텐데요."

"그렇게 살았다면, 제가 지금보다 더 행복했을 까요?"

아름다운 사람

법무사로 일하다보면 하루에도 몇 번씩 법원을 출입하게 된다. 업무적인 출입도 잦지만 조정위원으로 활동하면서 더 자주 법원에 가게 되었다. 그런데 법원 출입을 빈번히 하면서도 법원의 방호원(청사방호 및 경비업무 수행자)들이 눈에 들어오지 않았다. 그날도 조정 일정을 마치고 나오는 길이었다.

"위원님, 안녕히 가세요."

뜻밖의 인사에 뒤를 돌아보니 한 방호원이 환하게 웃고 있었다. 순간 그 사람 앞을 그냥 지나친 것이 무안했다. 그리고는 내가 전도자라는 사실이 생각났다. 돌아서서 그에게 다가갔다.

"수고가 많습니다. 혹 책임자를 만날 수 있나요?"

"위원님, 잠시 기다려 주시면 연락해 보겠습니다."

잠시 후, 그가 다시 왔다.

"위원님, 책임자가 지금 오겠답니다."

연락을 받고 나온 책임자에게 명함을 주고 조정위원임을 밝혔다.

"수고가 많으십니다. 전체 방호요원을 저녁식사에 초대하고 싶습니다."

그렇게 해서 김 방호원을 비롯한 여덟 명의 방호원들과 저녁식사 자리를 마련했다. 그 후로 만남이 있을 때마다 그들의 애환을 들어주었다. 일 년 앞의 행로가 불투명한 사람들이었지만, 그들이 이 사회에 꼭 필요한 사람이라는 사실을 완곡하게 상기시켰다. 그리고 그들 스스로 내가 왜, 관심을 보이는지 물을 때까지 밥을 사는 목적을 이야기 하지 않았다. 무던히 기도하며 기다렸다. 세 번째 모임이 있던 날 한 사람이 내게 물었다.

"왜, 우리에게 이리 잘 해주시는지요?"
"제가 덕 보기 위해서 식사 자리를 마련한 게 절대 아닙니다. 다만 제가 서른다섯 살에 만난 그 분께서 여러분은 아주 귀한 분이시니, 잘 모시라고 하십니다. 그 분 눈에는 판사 못지않게 여러분이 귀한 분이시라고 하십니다. 저는 여러분을 그분께 소개해드리고 싶습니다."
이렇게 복음을 들려주면서 그들이 궁금해 하는 질문에 대해 자세히 설명했다. 그들 중 대다수가 숙소가 외지에 있었다. 그런데도 한 해가 저물기 전에 늦은 시간까지 두 차례 더 자리를 같이했다.

다음 해, 법원 방침에 따라 전체 인원이 새롭게 구성되면서 계약직이던 그들은 뿔뿔이 흩어지게 되었다. 그런 와중에도 김 방호원 가정은 교회에 나와 4영리를 받고 영접기도 후 예배를 드렸다. "장로님, 사실 제가 결혼 전까지는 순복음교회에 다녔어요. 결혼 후 교회 출석을 못하면서 늘 가슴에 응어리가 있었어요. 오늘 남편과 함께 교회에 나와 목사님을 통해 4영리를 듣게 되어 너무나 감격스러웠습니다." 김 방호원은 공단에서 관리자로 은퇴한 후 보람 있는 일을 하고 싶다며 힘든 일도 마다하지 않고 열심히 살고 있다. 성실하게 살아가는 그 분을 볼 때마다 평등의 하나님을 묵상한다. 1년 전 어느 날 안부를 전했더니, 퇴근길에 내가 섬기고 있는 NGO 사무실까지 와서 후원신청을 했다.

"저에게도, 이웃을 위한 기회를 주셔서 감사 합니다. 장로님의 또 다른 후반전 멋지십니다."

전도자라고 해서 매일 같이 행복하고 환희를 느끼기만 할까. 전도 여정에서 어떤 이들은 내게 모멸감도 안겨주고 또 냉정하게 외면한 사람들도 부지기수다. 자신들의 부를 무기 삼아 사람을 낮잡아보는 경우도 허다하게 보았다. 더구나 성실하게 축적한 부가 아니거나 세금을 덜 내고 세습된 재력을 권력인양 휘두르는 사람, 투기와 같이 부당하게 얻은 재물임에도 불구하고 그것을 부끄럽게 여기지 않는 사람들을 종종 볼 수 있었다. 물질만능의 이 시대에 그가 내는 후원금은 부자의 강남 빌딩 못지않은 값진 성금이다. 더 없이 귀하고 깨끗한 재물인 것이다.

"김OO님 당신과 한 하늘 아래서 살게 되어 감사합니다. 당신이야말로 제일가는 멋쟁이십니다."
그가 생각날 때마다 마음으로 이 인사를 전한다.
"우리, 하늘나라에서 만나요!"

미래의 전도자를 위하여!

주말이면 현관문을 열고 들어오는 손주를 봅니다. 이제 겨우 네살입니다. 녀석은 들어오자마자 정신없이 뽀뽀 세례를 퍼붓고는 이내 장난감을 늘어놓고 온 집안을 쑥대밭으로 만들기 시작합니다. 4년 전에는 우리 집에 이 아이의 공간은 없었습니다. 아직 태어나지도 않았으니까요. 그런데 이 아이는 어디서 온 걸까요. 두개의 앞니가 백옥처럼 빛나는 해맑은 웃음소리와 할아버지의 턱수염을 올려다보는 까만 눈동자는 어떻게 만들어진 걸까요. 이 아이가 마음 놓고 뛰노는 우리 집의 평화는 또 어디서 온 걸까요. 왜 우리는 말썽을 부리는 이 아이를 바라보는 것만으로도 행복해지는 걸까요.

하나님이 맺어준 가족은 그런 것입니다. 바라보기에도 아까운, 퍼주어도 퍼주어도 아깝지 않은 것이 자녀입니다. 이 아이는 쑥쑥 자라서 제 스스로 학교에 가고 사춘기를 거치며 여학생의 꽁무니를 따라다니기도 할 것입니다. 그러나 이상과 현실 사이에서 긴 방황을 하는 시기가 오더라도 당당하게 거리를 활보하고 가까운 누군가를 찾아가서 고민을 털어 놓을 수 있기를 바랍니다. 그런 사회가 만들어지기를 희망합니다.

한강 마포대교엔 말을 걸어주는 문구가 군데군데 씌여 있습니다. '오늘 힘들었지?', '밥은 먹었어? 라고요. 어떤 이가 그러더군요. 누군가 이 세상을 떠나려 모진 마음을 품고 한강 다리로 걸어가고 있을 때 단 한 사람만이라도 그를 잡아줄 사람이 떠올랐다면, 그 참담한 발걸음을 돌릴 수 있었을 거라고요. 하나님은 분명 대속의 은혜를 우리에게 주셨는데, 왜 우리는 그의 눈을 들여다보기를 외면했던 걸까요. 왜, 우리는 그에게 손을 내밀어주지 못했던 걸까요. 오죽하면 다리가 말을 걸어주는 각박한 사회가 된 걸까요.

오늘 날 우리는 너무 자신만 챙기는 건 아닐까요. 우리는 또 우리 집 문밖 사람들을 너무 외롭게 하고, 잘 모르는 사람이라 하여 함부로 대하는 건 아닐까요. 하나님은 '네 이웃을 사랑하라.'고 하셨습니다. 진정 가족을 사랑하는 마음이 있다면 어찌 다른 이의 가족도 소중히 여기지 않을 수 있을까요.

 손주가 식탁에 흘린 밥알을 주워 먹으면서도 마냥 행복한 것은 우리가 가족이기 때문입니다. 그 아이가 오물오물 음식을 씹는 소리가 천상의 노래처럼 들립니다. 오늘 우리가 만나는 한 사람 한 사람은 모두가 그렇게 사랑받는 누군가의 가족인 것입니다. 나는 내 자녀가 우리 집 대문 밖에서도 이런 사랑을 받기 원합니다. 우리의 자녀들이 교회 안에서 한 가족이 되기를 희망합니다.

 그래서 아버지의 마음을 품고 부지런히 말씀을 퍼 나르고 있습니다. 오직 하나님 안에서만이 그 사랑을 실천할 수 있음을 알았기 때문입니다. 피조물인 우리 인간은 그런 큰 사랑을 품었다 할지라도, 자주 망각하고 또 실천하기를 게을리 하기도 합니다. 그래서 우리는 끊임없이 기도하고 구해야 합니다. 부끄럼 없는 삶을 살기 위해 매일 고백하고, 의심 없이 순종해야 합니다. 하나님께 받은 사랑으로 세상의 자녀를 사랑해야 합니다. 사랑은 하나님이 주신 가장 큰 복입니다. 또한 우리가 실천해야 하는 의무입니다.

기도합시다. 도전합시다. 전도합시다.

사랑합니다.

- 전도자 정재즐

일요일엔
뭐 하세요?

초판발행일 | 2016년 3월 3일

지 은 이 | 정재준
펴 낸 이 | 배수현
디 자 인 | 박수정
일 러 스 트 | 조미숙
교 정 · 교 열 | 정탁윤
제   작 | 송재호

펴 낸 곳 | 가나북스 www.gnbooks.co.kr
출 판 등 록 | 제393-2009-000012호
전   화 | 031) 408-8811(代)
팩   스 | 031) 501-8811

ISBN 979-11-86562-20-8(03230)

※ 가격은 뒤 표지에 있습니다.

※ 잘못된 책은 구입하신 곳에서 교환해 드립니다.

Main Book

:: 일요일엔 뭐 하세요?

'해피굿모닝!'
정재준 장로의 못 말리는
가족전도 스토리

Book in Book

:: 일요일엔 뭐 하세요? 〈실전편〉

누구에게나 전도의 확신을 주는
관계전도 실전 다이어리!

Supplement

:: 나의 평생 VIP 수첩

실천전략이 담긴 평생전도수첩

본 책의 구성

01. '해피 바이러스 전파자'
    정 장로의 흥미진진한 관계전도 이야기

02. [실전Book] 지나가던 사람도 돌아보게 만드는
    황금질문법 & 전도실전 매뉴얼

03. [실전Note] 평생 활용할 수 있게 고안된 전도 『VIP수첩』

2009년 한 해 동안 내 일터인 법무사 사무실에 찾아온 손님과 거래처 사람들에게 열심히 전도를 했다. 열매는 '제로'였다. 나도 모르게 한 탄 섞인 푸념을 하자, 옆에서 듣고 있던 지인이 말했다. "거봐, 너만 미친 짓 한 거야. 네 자신이나 밝게 보고 네 앞가림이나 잘하셔."

순간 낙심이 되자, 어디론가 숨고 싶은 생각뿐이었다. 그 때, 심령 깊은 곳에서 들려오는 음성이 있었다. '선을 행하되 낙심하지 말라'(갈6:9), '내가 너를 반드시 사람을 낚는 어부로 만들어가겠다'(마4:19)는 말씀이었다. 그 말씀을 붙들고 오직 성령님께 의지했을 때, 내 입술에서 한 질문이 터져 나왔다.

"일요일엔 뭐 하세요?"
이 질문은 누구나 반응하게 하였다. 한 번의 질문으로 상대방의 라이프스타일까지 알 수 있는 질문이었다. 하지만 이것이 어떤 결과를 가져올지, 처음엔 전혀 예상하지 못했다. 분명한 것은 이 말이 터져 나오는 순간, 전도에 대한 두려움이 해결되면서 자연스런 대화가 이어져갔다는 점이다. 이 질문을 통하여 '가족초청전도전략'이 세워지게 되었다.

〈본문 중에서〉

누구에게나 전도의 확신을 주는
관계전도 실전 다이어리

저자가 일터에서 뽑아낸

황금대화법 &
전도매뉴얼

정 재 준 지음

가나북스

황금대화법 & 전도매뉴얼

To.
_____

_____

_____

_____

From

BOOK
I N
BOOK

누구에게나 전도의 확신을 주는
관계전도 실전 다이어리

저자가 일터에서 뽑아낸

황금대화법 &
전도매뉴얼

정 재 준
지음

관계전도를 위한 전도자의 자세

– 전도자의 삶은 곧 전도의 장이다

전도자는 어부가 출항을 앞두고 어구를 세심하게 살피고 챙기듯, 삶의 전면을 꼼꼼하게 살피며 준비해야 한다.

01. 삶의 가지치기

전도자는 에너지를 한 방향으로 집중시키기 위해서 일상을 단순화할 필요가 있다. 먼저 규칙적인 생활 원칙을 세운다. '생동감 넘치는 예배와 기도'에 마음을 두고, 규칙적인 기도생활을 삶의 우선순위에 둬야 한다. 내 안의 비밀을 제거하고, 삶의 경영을 투명하게 한다.

> 나의 경우, 과다비용 청구 및 이중장부 없애기 등 경영에 대해 투명성을 높였다.

02. 화목한 가정 & 삶의 목표와 가치 공유

직원들과 내 삶의 목표를 공유한다. 가정에서는 아내와 자녀, 집안 형제 및 친인척과 비전을 나누고, 교회공동체 식구들과도 삶의 목표와 가치를 공유한다. 그럴 때 시너지 효과는 물론이고 전도의 열매도 기대 이상으로 거두게 될 것이다.

가장 든든한 지원자는 가족이다. 기도로 무장된 가정의 배우자는 전도사역의 등대와 같다.

- 터럭만한 일도 배우자와 공유하자.
- 배우자는 격려와 문제점을 짚어주는 장자방이다.
- 배우자의 소중함을 아는 만큼 더 많이 아끼고 사랑하게 됐다.
- 새벽을 깨우는 동역자로서 하루의 시작을 함께 할 수 있는 것에 감사했다.
- 배우자와 함께 할 때 기쁨은 무겁게 받고 슬픔은 가볍게 넘길 수 있다.
- 교회 공동체와 공유했다. 담임목사님과 부목사님들을 비롯해 당회원, 교구가족들에게 선포하고 지도를 구했다.

03. 삶의 단순화가 필요한 이유

전도자는 그리스도의 병사다. 그래서 가능한 한 얽매이기 쉬운 것을 과감히 잘라 냈다. 일중독에 빠질 것을 경계하여 업무 의뢰가 많이 들어오는 것도 조율해 나갔다. 평소 몰입형인 필자의 성격상 일에 파묻히다 보면 정작 전도의 사명을 소홀히 하거나 본질을 놓칠 수도 있기에, 적정선에서 일감을 조절하고 동료 법무사 사무소로 안내했다.

"우리가 세상에 아무 것도 가지고 온 것이 없으매 또한 아무 것도 가지고 가지 못하리니 우리가 먹을 것과 입을 것이 있은즉 족한 줄로 알 것이니라."(딤전6:7-8)

04. 목표 지향에서 관계 지향으로

목표 지향적이고 성취 지향적인 삶을 살게 되면 모든 일에 '갑, 을'로 맺어진 수직적인 관계에서 벗어날 수 없다. 이 세상 누구도 영원한 갑으로 살 수는 없다. 그럼에도 불구하고 피조물인 인간의 욕구는 하늘로만 향해있는 것도 부정할 수 없는 사실이다. 수평적이고 친밀한 인간관계를 맺는 노력을 기울이다 보니, 비로소 갑과 을의 종적 고리가 끊어지는 것을 경험했다.

'황금어장'으로 이끄는 전도로드맵 02

Just do it

– 열매를 맺기 위한 기초공사와 현장의 반응들

01. 원칙은 행복한 족쇄다

전도 결심을 하고나서 가장 경계해야 할 것이 있다. 그 결심이 작심삼일이 되지 않도록 해야 한다. 그러기 위해서 가족, 교구식구들, 사업장이나 동료 앞에서 전도자로 살아갈 것을 선포하는 것도 그 한 방법이다. 배수진을 치는 심정으로 스스로 감시 받는 자가 되는 것이다.

> 매일 한 사람이상에게 복음을 전하겠다는 약속을 세우고 지켰다. 지금은 숨을 쉬는 것처럼 전도가 자연스러운 일이 되었다.

02. 전도는 가장 가까운 사람부터

전도를 시작할 때 어디서, 누구에게 전할 것인가를 정해야 한다. 전철, 공원, 시장, 길거리 아니면 대중이 모인 집회장소로 찾아갈까? 그 같은 고민을 하게 된다. 그 또한 기도로 구해야 한다.

Just do it 02 : '황금어장'으로 이끄는 전도 로드맵 … 11

기도 중에 유년의 기억이 떠올랐다. 주변에 교인이 있었음에도 교회에 나갈 것을 권유받지 못했음을 알게 되었다. 그래서 평소에 관계를 맺고 지내던 지인을 대상으로 전하기 시작했다.

03. 일터는 최적의 선교지이며 황금어장이다

믿음의 분량(롬12:3)을 따라, 전도의 영역을 찾아야 한다.

일터가 전도하기에 최적의 어장임을 발견했다. 법무사 사무실을 오픈한 지 20년이 되도록 사업장이 전도의 황금어장이란 생각을 해본 적이 없었다. 1년을 200일로 계산하여 하루 1명에게 복음을 나누었더라도 4천명에게는 전할 수 있었다. 그런데 하나님께서 나에게 쳐준 그물(법무사 사무실)안으로 매일같이 보내준 그 많은 고객들을 고스란히 흘려보냈다.

04. 전도자의 모델을 성경에서 찾다

목표와 원칙을 정하고 주변에 선포까지 했다고 하여 불안과 두려움이 사라지는 것은 아니다. 전도 여정에서 비방의 말을 듣거나 또는 부족한 자신의 한계를 느끼게 되면 필연이 절망감이 들게 마련이다. 나같은 사람이 예수님을 소개한다면, 비웃지 않을까? 상대방이 비방하면 어떡하나 하는, 자신의 열등감과 죄책감의 실체를 똑바로 볼 수 있어야 한다.

처음엔 나도 자신이 없었다. 그 때 주님은 수가성 여인(요4:7-30)을 떠올려주셨다. 수가성 여인을 통해서 죄책감과 두려움을 극복하고 시작했다. 우리의 전도모델은 예수님이시다. 그리고 수가성 여인과 빌립, 사도바울이다.

05. 관계 맺기의 전령사가 된 '해피 굿모닝!'

사람들은 자신이 살아가는 영역 안에서 관습과 문화를 공유하게 된다. 일정한 영역 안에서 인간관계를 맺고 살아가는 사람들에게서는 그들만의 독특한 언어가 회자되고 있는 것을 볼 수가 있다. 그러므로 자연스런 대화법을 통해 전도대상자들과 좋은 관계를 맺을 수 있어야 한다. 그 과정에서 자신만의 대화법을 발견하고 발전시켜나간다면, 실패도 두렵지 않게 될 것이다.

하나님께 지혜를 구하는 과정에서 발견한 나만의 인사법 '해피 굿모닝'과 '샬롬'은 마음과 마음에 다리를 놓아주는 충분한 촉매제가 되었다.

06. 형통이 아니어도 범사에 감사하다

솔로몬 시대부터 지금까지 사람들이 곧잘 사용하는 말이 있다. 이 또한 지나가리라. 굳이 전도 여정뿐만 아니라, 일상사에도 사람들은 조급증을 감추지 못하는 경우가 많다. 상대방의 실수나 폭언 심지어 폭력이 난무하는 상황에 부닥치더라도, 인내를 발휘한다면 그 보상은 매우 크게 돌아온다. 여기서 인내라 함은 하나님의 때를 기다리는 지혜를 말한다.

> 범사에 감사하면 쿠션의 작용원리처럼 (자기)감정경영에 묘약이 된다.

07. 사회적 성공이 전도 자격증은 아니다

성경에선 전도자를 증인이라 한다. 법정에서 증인은 증언을 하는 것이기에, 특별한 자격이 없어도 현장을 목격한 사실만으로 증인이 된다. 증인의 자격에는 권력이나 명예 또는 빈부의 격차를 논할 필요가 없다. 성경적 증인도 지연, 혈연, 학연과도 관계가 없다. 오직 경험한 것을 진실하게 증언하면 되는 것이다. 그러나 법정증인과 성경적 증인에는 극명한 차이가 있다. 법정증인은 단죄의 단초를 증언하는 자인 반면, 성경적 증인은 오직 은혜 가운데서 거룩한 아버지를 증언하는 사람이다. 만약 자신의 명예나 지위를 앞세우는 자가 있다면, 그가 하는 증언은 100%가 다 참은 아니다. 전도는 나이, 스펙이 필요 없다. 오직 실행이다. 하나님이 하시기 때문이다. ※ 본문 〈구멍 난 그물〉 참조

08. 실패 현장의 대화

대화는 소통의 핵심이다. 그런데 대화가 안 되는 이유는 무엇인가? 좋은(신뢰) 관계가 형성되어 있지 않기 때문이다. 전도의 시작은 관계

맺기이다. 관계 맺기의 첫 단계는 질문과 경청이다. 일방적인 주장을 앞세우거나 특정 사실을 주지시키는 대화법은 대화가 아니다. 전도도 다른 일상대화처럼 쌍방소통이 우선돼야 한다. 신뢰관계가 조성되지 않은 상태에서 던지는 다음과 같은 대화법은 실패의 첩경이다.

- 당신은 죽음이후에 천국과 지옥이 있다고 생각하십니까?
- 예수 이름을 들어보셨나요?
- 행복하십니까?
- 교회는 나가 보셨나요?
- 저희 목사님 설교 한 번 들어 보실래요.
- 당신이 오늘 숨을 거둔다면 어디로 가실 것 같나요?
- 하나님의 존재가 믿어지나요?

09. 전도 현장의 반응들

- 당신이나 잘 믿어라.
- 교회 나오라고 할 것 같으면 앞으로 만나지 맙시다.
- 모임에서 종교이야기는 하지 맙시다.
- 보이지 않는 하나님을 어떻게 믿느냐?
- 교회 다니는 사람들의 가식적인 행동이 비위 상해서 싫다.
- 교회가 개독(dog)교라는 소리 들어보셨나요?
- 신앙생활을 하다가 어떤 이유로 중단한 휴면상태의 크리스천이 많았다
- 교회에 나가면 포기할 것이 너무 많을 것 같아 부담스럽다.

- 나는 다른 종교 있으니 귀찮게 하지 말라.
- 종교가 없어도 좋은 일 하고 살면 되는 것 아니냐?

마음의 빗장을 걸고 있는 사람에게 빗장을 먼저 열게 하지 않고 던지는 질문은 튕겨져 나온다.

복음의 씨앗을 뿌리기 위해 분위기 조성작업을 해야 한다. 농부가 파종 전에 쟁기질하는 것처럼, 좋은 관계형성 없이 전하는 복음은 길바닥에 씨앗을 뿌리는 격이다. 전도는 인내의 사역이라 해도 과언이 아니다. 결코 `일희일비`해서는 안 되며 오직 기도 중에 지혜를 구해야 한다.

10. 현장 파악과 전도자의 자세

전도는 말씀의 불모지를 행군하는 일과 같다. 전도자는 하나님의 편지다. 가슴 설레며 기다리는 편지가 되려면, 먼저 친절한 이웃이 되고 다정한 친구가 되어야 한다.

그럼에도 현장에서 만나는 사람들에겐 대략 3가지 두드러진 특징이 있었다.

(1) 바쁘다. - 대부분이 타임 푸어(Time poor) 상태다.
(2) 돈을 벌어야 한다. - 삶의 가치가 연봉(소득)과 승진에 맞춰져 있다.
(3) 긴밀한 관계를 조성할 수 있는 시간 할애가 어렵다.

11. 실패 요인 분석

- 사전 준비 없이 현장에 뛰어들었다.
- 내가 먼저 복음의 씨앗이 되려는 노력을 하지 않았다.
- 교회에 대한 인식이 부정적인 사람에게 무턱대고 교회부터 소개했다.
- 지나친 전도열정으로 상대방으로 하여금 강요받는 느낌을 갖게 했다.
- 한방에 해결하려 했다. 접속은 되었지만, 지속적이지 못했다.(관계실패)
- 관계를 풀어가는 지혜가 없었다.
- 선택권을 그들에게 주지 않았다.
- 전략이 없다보니 기록의 중요성을 알지 못했다.
- 철저한 영적 전쟁임을 깨닫지 못했다.

Just do it 03 황금어장을 관리하는 '황금 레시피'

– 전도를 향상시킨 기도와 전략

01. 베란다 골방 기도실

"깨끗한 그릇이 되어라."(딤후2:21) 골방 기도에서 나의 그릇이 깨끗하지 못함을 알았다. 십계명의 말씀부터 붙들고 나를 검증했다.(히4:12) 말씀 앞에서 영적 검증을 통해 온갖 독초가 내 안에 뿌리 내린 것을 보았다. 교만, 음란, 탐심, 거짓으로 가득 찬 모습이었다. 나는 유대인과 같은 종교인이었고 회칠한 무덤이었다. 굳어진 내 영혼에 대청소 작업이 시작되었다. 다시 장대에 달린 주님을 바라보아야 했다. 보혈로 씻어 주셨다. 치유와 회복을 통해 또 다시 시작하게 하셨다. 시작과 함께 주신 최종 교훈은 내가 성령의 통로가 되지 않으면 불가능하다는 깨달음이었다. (말씀을 통한 은혜였다. 마4:19〉 눅9:23〉 갈2:20〉 고전2:4〉 고전15:31)

02. 성령님과의 동역이 시작되다

상대방의 감정이나 처지를 고려하지 않고 대뜸 인생의 근본문제를 생각해 보라는 식으로 전하면 실패하기 쉽다. (실전 2-8 참조) 상대방의 눈

18 ··· 일요일엔 뭐 하세요?(전도행전 실전 편)

높이에 맞는 대화법을 찾아 사용하게 되었다. 철저하게 성령님의 인도에 따랐다. 성령님으로부터 영감을 받으면서 태도의 변화와 전도형태의 전환이 일어났다. 복음의 씨는 마음 밭에 뿌려진다. 마음 밭을 옥토로 만드는 것이 먼저임을 알았다.(마:13장)

03. 주님의 전도 방법에서 힌트를 얻다 (마13:이하, 눅10:이하)

- 보이는 것을 사용하셨다.
- 친절하게 설명해 주셨다.
- 강요하거나 억압적이지 않으셨다.
- 우월한 태도, 협박하는 태도가 없으셨다.
- 인격적으로 반응할 때까지 기다려주셨다.
- 전략적으로 하셨다.

04. 대화의 패러다임을 전환하다

- 이런 사랑을 들어보셨나요?
- 당신은 당신에게 모든 것을 다 주면서까지 사랑한다는 편지를 받아 보셨나요?
- 당신은 첫 단추를 잘 꿰었나요?
- 어둠을 몰아내기 위해 무엇이 필요할까요?
- 가보지 않은 길을 가는데 중요한 것은 속도일까요, 방향일까요?
- 인생의 최대문제는 죄와 사망, 삶의 의미라는 말에 동의가 되시는지요?

- 인생은 B(탄생)와 D(죽음) 사이에서 C(선택)의 연속이라는 말을 들어보셨나요?
- 교회마다 왜 저주나 다름없는 십자가를 걸어 놓고 있을까요?(전도대상자 누구에게나 꼭 필요한 질문이다.)
- 우리는 왜 땅의 소산물을 먹지 않으면 생명을 유지할 수 없을까요?
- 건설업자가 100년의 공사를 하면서 설계도면 없이 공사를 한다면 어찌 될까요?
- 나는 경험해 보고 좋은 것은 반드시 나누어야 직성이 풀리는 사람입니다.
- 내가 경험하고 얻은 인생 최고의 보물이 무엇인지 궁금하지 않으세요?
- OOO씨. 내가 아주 높으신 분을 당신에게 소개해 드리려고 하는데요.

"너희 말을 항상 은혜가운데서 소금으로 맛을 냄과 같이 하라 그리하면 각 사람에게 마땅히 대답할 것을 알리라."(골4:6)

"너희 마음에 그리스도를 주로 삼아 거룩하게 하고 너희 속에 있는 소망에 관한 이유를 묻는 자에게는 대답할 것을 항상 준비하되 온유와 두려움으로 하고"(벧전3:15)

전도는 Just do it
영적 전쟁이다 04

– 영적 전쟁에 대비하는 권능의 전신갑주, 기도문

01. 선포기도

성령께서는 집중적인 기도의 시간을 통해 전도가 가장 강도 높은 영적인 전쟁임을 알게 하셨다. 전도는 공중권세를 쥐고 있는 사탄과의 싸움이다. 인간적인 설득력이나 능력으로는 상대를 움직일 수 없다. 사탄과의 싸움에서 승리하는 열쇠는 오직 말씀과 성령의 능력임을 깨달았다.(고전2:4) (엡6:10-20)

기도의 중요성을 알고(막9:23, 막9:29) 전도를 위한 '선포기도문'을 작성, 훈련을 통해 전도의 근력을 다져나갔다. 그런 다음 축복을 위한 기도문과 사탄을 향한 선포기도문을 작성했다.(눅10:19) 그리고 한 사람씩 이름을 부르며 선포기도를 했다. ※ 선포기도는 전쟁에서 융단폭격을 하는 것과 같다.

Just do it 04 : 전도는 영적 전쟁이다 ⋯ **21**

02. 선포기도문

❶ 나를 위한 기도

- 주님! 저에게 OOO님(예비자VIP)을 붙여주시니 감사합니다.

- 주님! 제가 그 영혼을 위해 환경과 감정에 좌우되지 않고 기록하고 집중하면서 출산할 때까지 낙심하지 않고 다가가도록 도와주옵소서.

- 주님! 제가 그에게 전하는 복음의 도구들(설교CD, 찬양CD, 문자, 통화, 방문)이 감동으로 전달되게 하셔서 오병이어의 기적이 일어나게 하소서.

- 주님! 제 심령에 날마다 성령의 기름 부으심이 충만케 하셔서 저를 통해 그 기름 부으심이 OOO님에게 흘러가게 하소서.

❷ 태신자를 위한 기도 ※ 태신자 : 잉태한 영적 자녀(VIP)

- 주님! 그 영혼(OOO)을 긍휼히 여겨주셔서 영의 눈과 귀를 열어 주사 복음을 들을 때 주님의 십자가 사랑이 전달되게 하소서.

- 주님! 그의 심령 속에 영생의 갈급함을 주시고, 그의 마음이 하나님께 소망을 두게 하옵시며, 불안과 초조감에 젖어 있는 그 심령에 평안을 주옵소서.

- 주님! 그를 먼저 회복시켜주셔서 그를 통해 온 가족이 구원을 받게 하시고, 그와 그 가족이 이 땅에 사는 동안 하늘의 복을 충만히 누리게 하옵소서.

03. 사탄을 물리치는 선포기도 (눅10:19)(엡6:12~)(약4:7)

❶ 나를 향한 선포기도

주 예수 그리스도의 이름으로 명하노니, (본인 000)을 힘들게 하고 낙심케 하며 죄책감과 열등감을 주는 어둠의 영과 흑암의 권세는 내 영과 혼, 관절, 골수, 침상 처소에서 떠나가라! 떠나가라!

❷ 우리 지역을 향한 선포기도

주 예수 그리스도의 이름으로 명하노니, 우리 지역 곳곳에 숨어 있는 미혹의 영, 어둠의 영, 음란의 영, 자살의 영, 불평과 불신의 영, 탐욕의 영, 거짓의 영들은 우리 지역의 모든 주택, 학교, 관공서, 공장, 상가, 예배당에서 떠나가라! 떠나가라!

❸ 태신자를 향한 선포기도

주 예수 그리스도의 이름으로 명하노니, 내가 품고 있는 000(태신자)의 영과 혼, 관절, 골수와 그 가정의 침상과 사업장을 지배하고 있는 어둠의 영, 미혹의 영, 거짓의 영, 불신의 영, 두려움의 영, 탐욕의 영들은 떠나가라! 떠나가라!

04. 선포기도의 능력을 체험하다

선포기도를 하고 태신자를 만나 보니, 그의 눈빛과 태도가 달라져 있음을 느낄 수 있었다. 말씀에 귀를 기울이고 온화한 눈빛으로 전도자를 맞이하는 것을 경험했다. 전도자에게 금, 은 보화는 없을지라도 예수 그리스도의 권세가 미치는 능력과 은혜를 체감할 수 있다.

마음의 문을 여는
황금대화 4채널

– 칭찬, 격려, 질문, 경청

새로운 대화법을 발견했다.

전도는 마음의 빗장을 여는 것에서부터 시작된다. 감성적·정서적으로 좋은 관계가 형성되지 않으면, 진주를 건네도 무용하다. 관계를 쉽게 열어가는 대화방식이 필요했다. 그 열쇠를 예수님의 가르침에서 찾았다. '그러므로 무엇이든지 남에게 대접을 받고자 하는 대로 너희도 남을 대접하라 이것이 율법이요 선지자니라'(마7:12) 이 말씀을 새기며 새로운 대화의 방식을 정립하였다. 살아오면서 내가 누군가에게 받고자 한 대로 대접을 해 보았다.

01. 정재준의 황금대화 4채널

❶ 칭찬

칭찬은 인정을 해 주는 싸인이다. 그러므로 칭찬의 말에는 상대방은 물론 전도자도 춤추게 하는 에너지가 있다.

❷ 격려

격려는 가능성을 믿음으로 선포하는 것이다. 상대방에게 긍정적 에너지를 주고, 관계를 맺는데 신뢰와 믿음을 더해준다.

❸ 질문

질문은 관계 맺기의 진일보 단계라 할 수 있다. 질문만 잘 해도 절반은 성공이다. 질문의 근력을 기르기 위해 가정에서 틈나는 대로 연습을 했다.

- 이렇게 잘 살고 있는 비결이 무엇입니까?
- 사업경영을 잘 하는 비결은 무엇입니까?
- 지금 하시는 일을 시작하게 된 특별한 동기가 있나요?
- 자녀를 잘 키우는 비결이 무엇입니까?
- 목소리가 아주 멋있는데, 혹시 성우를 해보실 의향은 없나요?
- 교회에 나가면 좋은 점이 무엇일까요?
- 지금 고민되는 일은 없으세요?
- 음식은 무엇을 좋아하세요?
- 건강관리는 어떻게 하십니까?

❹ 경청

건성으로 듣고 건성으로 대답하는 사람은 신뢰하기 어렵다. 부모의 마음으로 들어야 한다. 왕 앞에서 듣는 자세로 들어야 한다. 신뢰를 쌓는 대화의 능력은 경청에서 결정된다.

02. 황금대화법 사용 후 달라진 점

주님이 가르쳐준 이 4가지 방법을 가정에서부터 사용했다. 직원과 고객, 지인과 교인들에게도 사용했다. 말씀대로 내가 받고자 하는 것을 먼저 대접하니, 반응이 일어나기 시작했다. 상대방의 매력 포인트를 찾아 칭찬하고, 경영이나 건강관리, 취미와 고민에 대해 질문했다. 그 마음을 이해하고 잘 들어주었다. 그 결과 내가 칭찬을 더 많이 듣게 되었다. 칭찬과 격려의 인사말을 건네는 사람이 늘어갔다.

사람의 가치를 인정해 주고 위로하는 대화법. 긍정의 눈으로 상대방을 바라보고 칭찬하는 대화법. 성경에서 캐낸 대화법이기에, '황금대화법'이라고 명했다.

전도의 승률을 높이는 맞춤전략 & 황금질문

Just do it **06**

– 복음전도전략 4단계 : 기록, 섬김, 기도, 초청

01. 온가족초청전도 전략

"전 가족 초청전도 전략을 세워라" 성령님은 에덴동산의 아담과 하와 그림을 보여주시면서 천국의 작은 모형이 가정임을 알게 하셨다. 이왕 전도를 할 바에야 세대에서 세대로 이어지게 하자. 온 가족이 복음으로 하나 되는 모습을 원하신다는 걸 알았다. 목표를 세우고 온가족초청전도 전략을 세웠다. 전략의 핵심은 자녀를 축복하는 것이었다. 자녀는 지속적인 관계를 맺게 하는 좋은 연결고리였다. 맺어진 복음적 관계를 통해 대상자의 가족사항을 기록하고, 지속적으로 섬기며, 이름을 부르며 기도했다. 이런 과정을 통해 VIP 가정에 복음이 흘러가기 시작했다.

02. 황금대화의 전령사 – "일요일엔 뭐 하세요?"

이 질문은 성령님께서 알려주신 질문법이다. 실천하지 않는 기술은 휴지와 같다. 이 질문은 누구나 반응하게 하였다. 한 번의 질문으로 삶의 스타일이 파악되었다. 주일이라고 하지 않아 거부감 없이 반응하였다. 상대방은 친근함을 느껴 대화의 문을 열었다. 물꼬가 트이고 실타래가 풀리기 시작했다. 스스럼없이 가족의 이름과 애로사항을 털어 놓았다. 그때 잘 경청하고 기록했다. 온 가족 이름을 받아 기록할 수 있는 비결은 전략과 진심이다. 진심어린 대화야말로 최고의 전략을 녹여내는 첩경이다.

03. 대화의 종착은 기록이다

기록은 하나님의 방법이다. 기록의 중요성은 누구나 잘 알고 있는 사실이다.

"꿈과 목표는 수첩에 기록하는 순간 절반은 성공이다." 라는 격언처럼, 상대방과 좋은 관계를 맺는 비결은 대화를 통해 얻은 유용한 정보를 정확하게 기억하는 것이다. 특히 기록이 중요한 이유는 가슴에서 태신자(VIP)를 떠나보내지 않는 장치가 되기 때문이다. 영적인 의미로는 '잉태'라 할 수 있다.

"기억은 흐려지고 생각은 사라진다. 머리를 믿지 말고 손을 믿어라. 메모는 생각의 실마리다. 메모가 있어야 기억이 복원된다. 습관처럼 적고 본능으로 기록해라."(정민 교수/ 다산선생 지식경영법 159쪽)

04. 기록이 중요한 이유

누구와 대화를 나누든 기록해서 손해 보는 일은 없다. 기록의 장점은 중복된 질문을 하지 않게 된다는 것이다. 상대방도 나를 체크하고 있다는 사실을 기억해야 한다. 상대방을 감동시키는 것은 대개 디테일한 부분에서 결정된다. 섬세함과 민감성을 발휘해야 한다. 자녀의 이름을 잘못 부르거나 두 번 이상 반복해서 묻는 순간, 낚시 바늘에 꿴 밑감은 사라지고 만다.

나의 가장 큰 전도비결은 기록이다. 아래 예시한 질문지에서 보는 바와 같이, 질문을 통해 상대로부터 얻은 정보를 가급적 빠뜨리지 않고 꼼꼼히 기록하였다. 그런 뒤 기록한 가족들의 이름, 특히 자녀들에 관한 사항을 수시로 들여다보면서 암송하듯 되새김하는 것이다. 이렇게 외운 이름들을 낱낱이 불러가며 지속적으로 선포기도를 했다.

05. 전략적 질문과 기록 방법

질문 01 "사장님, (일요일)엔 뭐 하세요?"

질문 02 "사장님, (자녀)가 몇 입니까?"

질문 03 "자녀들이 있다고 하셨는데, 자녀들에게 아버지가 줄 수 있는 가장 중요한 선물이 무엇이라고 생각하십니까?"

질문 04 "자녀들에게 (바른 가치관)을 심어주는 것보다 더 귀한 일은 없다고 생각합니다. 사장님은 자녀들에게 어떤 (가치관)을 심어주십니까?

질문 05 "자녀가 꿈을 이루고 높은 위치에 올라갔다 하더라도, 한 순간에 무너질 수 있는 게 인생입니다. CEO가 목숨을 끊기도 하지 않습니까? (가치관)이 잘못되어 있으면 모든 것이 무너집니다." 왜냐하면 진정한 성공은 그 성공 여부가 목표 달성으로 결정되는 것이 아니라 도덕과 윤리성적으로 곱하는 인생이라 그렇습니다. 오늘도 명성 있는 자들이 도덕성 때문에 무너짐을 보고 있습니다. 부모는 자녀에게 꿈만 심어준다고 되는 것이 아니라, 올바른 (가치관)을 심어주어야 합니다. 이에 동의하시는지요?

질문 06 "사장님, 인생에서 중요한 것은 (만남)의 복입니다. 자녀가 좋은 친구, 좋은 스승, 좋은 배우자를 만나야 합니다. 이에 동의하십니까?"

질문 07 "사장님! 제가 말씀드린 꿈과 만남의 복은 미래적인 영역입니다. 저도 제가 할 수 있는 일이 아닙니다. 다만 전능하신 하나님께 내일부터 자녀들을 위해 기도하려고 합니다. 자녀들을 위해 기도할 때 (이름)을 불러가면서 기도하고 싶은데, 자녀들의 (이름)을 알 수 있을까요?"

[이때 자녀들의 이름을 거부한 사람은 보지 못했다. 2010년부터 매년 수십 가정을 기록해 오고 있다. 자녀의 이름, 학년, 특기 등을 물으면서 순차적으로 기록한 다음에 아래 질문을 던진다.]

질문 08 "사장님, 가정에서 자녀들을 키우는 사람이 어머니입니다. 어머니가 참 중요하지요. 그래서 사장님의 (부인 성명)을 알려주시면, 그분을 위해 기도하겠습니다. (부인) 성함이 어떻게 되십니까?"

[부인 이름을 기록하고 나서 아래 질문을 던진다.]

질문 09 "사장님의 댁 (주소)를 알 수 있을까요? 자녀들과 사장님의 부부께 필요한 책이나 자료를 보내 드리고 싶습니다."

[이 때 주소를 기록하고 전체적인 기록사항을 확인한다. 왜냐하면 정확해야 하기 때문이다.]

여기까지가 1차 작업이다.

06. 실행만이 답이다

❶ 실천 1

기록한 가족의 이름을 암송한다.

> 나는 새벽기도부터 전 가족의 이름을 불러가면서 선포기도를 시작한다.

❷ 실천 2

(약속한 기도 내용을 기록한) 편지와 (부부관계에 도움이 되는, 또는 자녀를 위한) 책을 우편으로 선물한다. 최소한 편지만이라도 보내

는 게 좋다.

> 나는 선물과 함께 전 가족 앞으로 편지를 써 보낸다. 편지를 보낼 때는 아버지, 어머니, 자녀들 이름을 다 기록해서 보낸다. 모든 가족이 다 보도록 하기 위함이다. 편지 내용에 반드시 제시한 기도제목 5가지를 놓고 기도함을 알린다. 자녀의 꿈과 가치관 교육에 도움이 되는 책을 보낸다.
>
> 3주를 주기로 만남을 갖고 자녀에 대해 얘기를 나누면서 나의 신앙 간증을 3분 이내로 한다. 《《나의 평생VIP수첩》 - 간증 예시문 참조)

❸ 실천 3

최소 3회 만남 후부터 (기도)를 따라하도록 시도한다.

"사장님, 자녀들이 정말 잘 되는 비결이 있습니다. 제가 선생님을 위해 기도하는 것도 좋지만, 아버지가 기도하면 더 좋습니다. 제 기도를 한 번 따라해 보세요."

[이 경우 대부분의 아버지는 미안해하거나 고마워한다. 남의 아버지는 자기 아들을 위해 새벽마다 기도하고 있는데, 자신은 무얼 하고 있단 말인가? 하는 표정을 지으며 부끄러워한다. 그 때 편안하게 격려하면서 아래 예시 기도를 따라하도록 한다.]

이 때 아멘의 의미를 설명해주고 선창기도를 한다.

"하나님, 우리 자녀가 잘 되게 해주세요. 꿈을 주시고 바른 가치관을 심어주시고 좋은 친구, 좋은 선생님, 좋은 배우자 만나게 해주세요. 아멘"

❹ 실천 4

(교회와 담임목사님)을 소개하면서, 교회에 초청한다.

교회에 초청할 땐 상대방이 가족회의를 해서 (참석할 수 있는 날짜)를 선택하도록 한다. 선택권을 상대방에게 준다.

07. 초청 요령

❶ 초청 예문 1

"선생님, 자녀들이 꿈을 갖는 결정적인 계기는 하나님 말씀을 직접 들을 때입니다. 하나님 말씀을 들으면, 꿈이 생기고 바른 가치관이 심어지고 만남의 복과 마음에 평안을 얻는 복을 받습니다. 만일 선생님 자녀가 몸이 아파서 고생하는데, 명의가 멀리 제주에 있다고 합시다. 그러면 거기까지 가시겠습니까? 안 가시겠습니까? 당연히 가시겠죠. 왜냐하면 아들을 너무나 사랑하니까. 하지만 말씀은 멀리서 구하지 않아도 됩니다. 제가 안내하는 00교회로 오시면 됩니다."

❷ 초청 예문 2

"선생님, 00교회는 참 좋은 교회입니다. 교회를 오셔야하는 이유는 하나님 사랑의 메시지를 들려주는 곳은 교회밖에 없기 때문입니다. 하나님을 만나면 내가 누구인지, 그리고 인생이 어디로 가는지를 알게 됩니다."

"우리 교회 목사님 말씀을 들으면 자녀들이 '꿈쟁이'가 될 수 있습니다. 가정이 잘 되는 복을 받게 될 것입니다. 가족회의를 하셔서 날짜를 정해주세요."

[초청 일을 상대방이 정하도록 한다. 초청날짜가 확정되면, 약속을 어기지 못하도록 확실하게 신침(信鍼)을 놓는다. 초청을 수락한 것은 가장 높은 분과 약속을 한 것이므로, 만약 누가 초청을 하더라도 이미 더 높은 곳에서 초대를 받았으니 다른 약속은 잡지 않도록 일러주어야 한다.]

❸ 등록 후 안내

교회에 출석하면 담임목사님을 뵙도록 하고 교육을 받도록 안내한다. 그를 귀한 분으로 여긴다면, 교회에 오는 그 걸음을 최고의 예우로 모셔야 한다. 주기도문, 사도신경, 헌금생활에 대해 설명을 한다.

08. 기록 후의 유의사항

❶ 전도대상자의 이름 주소 가족사항 취미 관심사를 본인 앞에서 기록하고 가족의 이름을 외운다.

❷ 기록한 후에는 반드시 이름을 불러가며 선포기도 한다. (선포기도문 참고)

❸ 전도대상자에게는 최소한 3일 이내에 편지를 보낸다. 대상자와 교제할 때 대화의 소재를 자녀로 한다. 설교CD를 건넨다. 자녀에게 필요한 책을 선물한다.
※ 3일 안에 편지를 보내는 이유?
{3.3.3 섬김}의 원리에 따른 것으로 성경말씀(민10:33)에서 힌트를 얻었다. 하나님께서 광야를 인도하실 때 3일 길 앞서 인도하셨다. 3일 이내 편지, 3번의 편지 보내기, 3번 찾아가기를 실천한다.

❹ 자신의 간증을 3분 이내의 내용으로 작성하여 연습한다. 핵심 말씀 (내가 사용한 24개의 말씀을 뽑아 부록 VIP수첩에 제시했다.)을 준비해서 다닌다. 해당된 말씀을 상대방이 읽게 한다. 나는 코팅을 해서 목욕탕에서도 활용하고 있다.

⑤ 진솔한 사람이 되어야 한다.

⑥ 하나님의 편지가 되도록 노력해야 한다.

⑦ 상대방을 감동시켜야 한다.

지극히 높은 곳에서는
하나님께 영광이요
땅에서는 하나님이 기뻐하신
사람들 중에 평화로다 하니라
누가복음 2장 14절

Just
do it
07 매력적인 전도자로
이끌어주는 실천 TIP

01. 나만의 전도 아이콘을 만든다

전도의 아이콘을 만들어야 한다. 관련연구 자료에 의하면, 삶의 새로운 습관이 뿌리를 내리는 데는 뭔가 시작한 후 2주를 버텨야 하고, 3개월을 지나 6개월을 극복하면 새로운 습관이 형성된다고 한다. 나역시 그 과정을 겪을 때 무척 어려웠다. 이 원칙을 세우고 지키는 것이 기초다. 자기만의 전도아이콘이 형성되면, 모든 에너지를 전도 방향에 쏟을 수 있는 첫 걸음이 시작된다. 매력적인 그리스도인이 되려면, 반드시 장애를 극복해야 한다. 이 고비를 넘기고 나면, 전도 아이콘이 형성되어 아래의 사례를 나누게 된다.

① 사례 1

전도의 첫 성공은 곧 모든 사례의 기초가 된다. 전도여정에서 나날이 성장해가는 자신을 발견할 수 있다. 스스로 매력적인 전도자가 되가는 것을 확연히 알게 된다. 마치 연예인이 카메라 샤워를 받는 동안 눈부시게 아름다워지듯, 매력적인 하나님의 편지가 돼가는 자신을 발견하게 될 것이다.

① 길을 걷다가도 기록한 가족들의 이름을 불러가며 기도했다.
② 새벽기도 시간에 그들의 얼굴을 손에 받치고 기도했다.
③ 감사 봉투에 전도대상자 이름을 먼저 기록했다.
④ 편지를 쓰고, 문자를 보내고, 주기적으로 찾아갔다.
⑤ 가슴에 하나님의 사랑이 채워지기 시작했다. 만나고 칭찬하고 질
　문하고 들어주면서 '이런 사랑을 들어보셨는지요?' 질문을 하며 내
　가 만난 주님을 소개했다.
⑥ 자녀들을 '꿈쟁이'로 키워야 하는 이유와 바른 가치관을 심어주는
　일에 소홀히 해서는 안 되는 이유를 나누고 있다.
⑦ 서로의 만남이 껄끄러운 만남이 아닌, 기다려지고 기대되는 만남
　이 되고 있다.

❷ 사례 2 : 전도의 5중주(5품 전략)
　전도 아이콘이 생기면서 전도를 위한 '5중주 협연'이 시작되었다. 복
음을 전하기 위해서 5가지의 품을 조화롭게 버무려 한꺼번에 팔았다.

① 뇌품 ; 생각을 집중했다.(잠24:6, 엡1:4-5)
　지속적인 전략을 수립했다.

② 심품 ; 가슴으로 품었다.(사58:10, 빌2:5)
　내 심장 안에 주님의 심장이 전이되는 것을 느꼈다.

③ 발품 ; 밤낮 가리지 않고 찾아갔다.(막1:38-39)
　표가 있는 곳에는 밤낮을 가리지 않고 찾아나서는 정치인들을 통

해 발품 파는 것을 배웠다.

④ **손품** ; 수첩에 기록된 전도대상자에게 문자, 전화, 편지를 보냈다.
(눅1:1-4)

관계 맺기는 타이밍이 중요하다. 적절한 시간을 두고 마음을 전했다.

⑤ **입품** ; 증언을 했다.(행5:42)

주님과의 데이트 때 나눈 은혜를 들려준다. 간증을 진솔하게 한다.
사랑 이야기를 나누는 것처럼 즐겁고 신나는 일은 없다. 전도 여정
에 피로감이 없는 이유이기도 하다. 말씀을 잘 풀어준다.

> 내 몸의 다섯 기관을 전도에 사용하다보니, VIP는 내 안에서 떠날 수가
> 없다. 과거엔 전도가 무겁게 생각되어 감히 엄두를 못 냈다. 지금은 숨을
> 쉬듯 자연스레 5품을 팔고 있다.

02. 유의해야 할 사항

- 공로 의식을 경계해야 한다.
- 예수 그리스도의 종임을 확실히 해야 한다.
- 영적인 게으름을 경계해야 한다.
- 절제의 겸양을 가져야 한다.
- 작은 약속일지라도 반드시 지켜야 한다.
- 상대방에게 우월감을 드러내지 않아야 한다.
- 강요하는 느낌이 들지 않도록 해야 한다.

도전하는 전도자에게 주는 황금 메시지

01. 사모하세요.

02. 작정하세요.

03. 도전하세요.

04. **연합하세요.**(셀과 구역)

05. 원칙을 정하고 그 원칙을 반드시 지키세요.

06. '황금대화법'과 '5품'을 실천하세요.

07. 전도왕이 되려 하지 말고, 전도자가 되세요.

Just do it 09

선물은 마음을 움직이는 뇌물腦物이다

– 전도에 사용하면 좋은 복음의 도구들

01. 자녀를 위한 책

- 왕따가 왕 된 이야기
- 무지개 원리
- 파인애플 스토리
- 만화 비전여행
- 우동 한 그릇
- 어린이 성경
- 천로역정
- 꽃들에게 희망을
- 성경 이야기
- 3D형 인간
- 동산고 이야기
- 3일만 볼 수 있다면
- 아들아 머뭇거리기에는 인생이 너무 짧다

※ 자녀들의 학년과 성향을 파악해서 선택적으로 사용함

02. 남편과 아내를 위한 책

- 지성에서 영성으로
- 빵만으로 살 수 없다
- 중심
- 우물을 파는 사람
- 쿠션
- 경청

- 청소부 밥
- 인생은 바라봄이다
- 아침키스
- 잊혀진 질문
- 3D형 인간(강우영)
- 빙점(미우라 아야꼬)
- 참 대화(김해곤)
- 관계의 성공
- N형 인간

- 백절불굴 크리스천
- 희망도시 선포
- 왜 예수인가
- 월간 큐티
- 가치관 혁명(김원태)
- WHY JESUS 왜 예수인가(조정민)
- 결혼 이야기
- 가치관 혁명
- 신앙 CD

- 아들아 머뭇거리기에는 인생이 너무 짧다(강헌구)
- 당신은 하나님의 무한한 가능성이다(맥스루케이도)
- 인성이 답이다(조관일)

03. 전도 과정에서 책을 사용하면 좋은 점

- 복음의 정착(저변 확대)에 도움을 준다.
- 책을 소재로 하면 자연스럽게 친숙한 대화를 이어갈 수 있다.

전도
실전 편을
마치며 *epilogue*

■ 고백 ··· 전도는 나를 춤추게 하는 엔도르핀

주 님은 망가진 나를 전도자로 세워주셨다. 사람을 살리는 어부로
살아가게 하심은 전적인 은혜요 사랑이다. 아브라함이 갈 곳을
알지 못한 채 순종의 여정을 시작했듯, 나 역시 전도자로서의 여정이
어떻게 이어질지 전혀 예측하지 못하고 순종만 했을 뿐이다. 성령님만
의지한 여정이었으며 이끄시는 대로 따라가고 있다.

관계를 통해 나에게 붙여준 사람은 내가 책임져야 한다는 마음으로
섬겼다. 소중한 일이기에 기록하면서 인내하고 기도했다. 누구든 주님
을 소개할 수만 있다면, 천리 길도 가겠다는 마음으로 몸부림쳤다.

마침내 사람들이 주님 앞에 나오는 것을 목격했을 때, 온 몸의 세포
는 춤을 추고 영혼은 기뻐 노래를 불렀다. 잠이 부족해도 피곤하지 않
았으며, 오히려 에너지가 공급되는 걸 느꼈다.(사40:28~) 그 때 알았다.
주님이 전도자를 당신의 동역자로 부르심은 당신을 위해서가 아니라,
전도자를 살리시기 위함이라는 것을.

복음전도는 나를 춤추게 하는 엔도르핀 제조기다. 전도가 일상이 되는 삶이야말로 진정 천국의 삶을 누리는 생활임을 고백한다.

- 베란다 기도실에서 **정 재 준**

일요일엔
뭐 하세요?
전도행전 실전 편

초판발행일 | 2016년 3월 3일

지 은 이 | 정재준
펴 낸 이 | 배수현
디 자 인 | 박수정
일 러 스 트 | 조미숙
교 정 · 교 열 | 정탁윤
제   작 | 송재호

펴 낸 곳 | 가나북스 www.gnbooks.co.kr
출 판 등 록 | 제393-2009-000012호
전   화 | 031) 408-8811(代)
팩   스 | 031) 501-8811

ISBN 979-11-86562-20-8(03230)

"기록이 답이다."

누구와 대화를 나누든 기록해서 손해 보는 일은 없다. 기록의 장점은 중복된 질문을 하지 않게 된다는 것이다. 나의 전도 비결은 기록이다. 질문을 통해 상대로부터 얻은 정보를 가급적 빠뜨리지 않고 꼼꼼히 기록하였다. 기록한 가족들의 이름과 자녀들에 관한 사항을 수시로 보며 되새김 하였다. 이렇게 외운 이름들을 낱낱이 불러가며 지속적으로 선포기도를 한다. 〈본문 중에서〉

마침내 사람들이 주님 앞에 나오는 것을 목격했을 때, 온몸의 세포는 춤을 추고 영혼은 기뻐 노래를 불렀다. 그때 알았다. 주님이 전도자를 당신의 동역자로 부르심은 당신을 위해서가 아니라, 전도자를 살리시기 위함이라는 것을. 복음전도는 나를 춤추게 하는 엔도르핀 제조기다. 전도가 일상이 되는 삶이야말로 진정 천국의 삶을 누리는 생활임을 고백한다. 〈본문 중에서〉

18,000원 (본책, 수첩 포함)
ISBN 979-11-86562-20-8

그의 십자가의 피로
화평을 이루사 만물 곧땅에 있는 것들이나
하늘에 있는 것들이나 그로말미암아
자기와 화목하게 되기를 기뻐하심이라

골로새서 1장20절

너를 낮추시며 너를 주리게 하시며
또 너도 알지 못하며 네 조상들도
알지 못하던 만나를 네게 먹이신 것은
사람이 떡으로만 사는 것이 아니요
여호와의 입에서 나오는 모든 말씀으로
사는 줄을 네가 알게 하려 하심이라
신명기 8장 3절

VIP 수첩의 주인공

이　름
연락처

이 수첩을 습득하신 분은 연락 부탁드립니다.

[나의 평생 VIP수첩]

VIP수첩의 특징

1. 영적 계보를 만들어가는 전략을 담았습니다.

2. 삶의 현장에서 활용할 수 있는 구체적인 질문법, 선포 기도문, 핵심 말씀 등을 담았습니다.

3. 평생 가족의(VIP) 이름을 적고 관계 형성을 도와줄 기록 란을 마련했습니다.

4. 복음 확장을 위한 실전 무대에서 유용한 도구가 되게 꾸몄습니다.

5. 전도 관련서 『일요일엔 뭐 하세요?』를 구입한, 전도에 관심을 갖고 실천하는 독자님에게 드리는 선물입니다.

:: 나의 결단 ::

■ 주님의 부르심 ─────────

"말씀하시되 나를 따라 오너라 내가 너희를 사람을 낚는 어부가 되게 하리라."

(마4:19)

■ 제자들의 반응 ─────────

"그들이 곧 그물을 버려두고 예수를 따르니라."

(마4:20)

■ 선택 반응 ─────────

1. 지금은 내 코가 석자이니, 나중에 전도하겠다. (   )

2. 형편과 상관없이 지금 바로 전도하겠다. (   )

※ 어떤 그리스도인으로 살아갈 것인가, 선택은 각자의 몫입니다.

※ 제자들은 선택의 기회 앞에서 머뭇거리지 않고 즉시 결단하였습니다.

■ 결단의 날 ─────────

년	월	일

목
차 *contents*

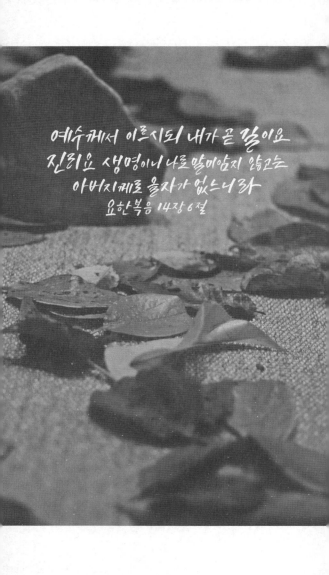

예수께서 이르시되 내가 곧 길이요
진리요 생명이니 나로 말미암지 않고는
아버지께로 올 자가 없느니라
요한복음 14장 6절

:: 전도란?

01. 하나님의 사랑을 전하는 것이다.

02. 하나님의 구원사역에 동참하는 것이다.

03. 성령의 통로가 되는 것이다.

04. 새로운 산지를 개척하는 것이다.

05. 광산에서 보화를 캐내는 작업이다.

06. 위기에 놓인 조난자를 구조하는 것이다.

07. 가능성에 투자하는 것이다.

08. 증언하는 것이다.

:: 전도자의 소명과 자세

01. 삶의 본질에 집중해야 한다.

02. 삶의 초점을 바로 잡아야 한다.

03. 성령님을 사모해야 한다.

04. 주님께 삶의 주도권을 드려야 한다.

05. 재림을 약속한 주님을 기억해야 한다.

06. 이웃 구원의 책임자임을 기억해야 한다.

:: 전도자가 유의해야 할 점

01. 교만(공로의식)이 생각 속에 침투하지 못하도록 종의 자세로 무장한다.

(마25:21, 눅17:10)

02. 전적으로 하나님께서 하시는 것임을 인식해야 한다.(고전2:4)

03. 사도바울의 고백 "나는 날마다 십자가에서 죽노라"(고15:31)를 곱씹어야 한다.

04. 낙심하지 말아야 한다. (갈6:9)

:: 전도자에게 약속한 상급

01. 육신의 아버지도 잃어버린 자식을 찾아
    준 사람에게 상금을 준다.

    하나님께서도 잃은 양을 찾는 그리스도
    인에게 특별한 상급을 약속하셨다.

02. 하늘의 별과 같은 상급(단12:3)

03. 백 배의 복과 영생(막10:29-30)

04. 의의 면류관(딤후4:8)

:: 전도는 만남이다

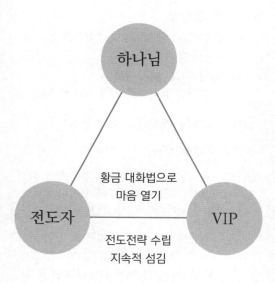

하나님

황금 대화법으로
마음 열기

전도자

VIP

전도전략 수립
지속적 섬김

:: 전 가족 초청을 위한 질문과 전략(잠24:6)

01. 초청 첫 단계

누구에게나 부담 없이 대화의 물꼬를 트는 황금 대화법을 사용한다.

➡ **칭찬, 격려, 질문, 경청**

《《일요일엔 뭐 하세요?》 부록 〈실전편〉 참조)

질문 01. "000님, **(일요일)**엔 뭐 하세요?"

질문 02. "000님, **(자녀)**가 몇 입니까?"

질문 03. "자녀들이 있다고 하셨는데, 자녀들에게 아버지가 줄 수 있는 가장 중요한 선물이 무엇이라고 생각하십니까?"

질문 04. "자녀들에게 **(바른 가치관)**을 심어주는 것보다 더 귀한 일은 없다고 생각합니다. 사장님은 자녀들에게 어떤 **(가치관)**을 심어주십니까?

질문 05. "자녀가 꿈을 이루고 높은 위치에 올라갔다 하더라도, 한 순간에 무너질 수 있는 게 인생입니다. CEO가 목숨을 끊기도 하지 않습니까? **(가치관)**이 잘못되어 있으면 모든 것이 무너집니다."

왜냐하면 진정한 성공은 그 성공 여부가 목표 달성으로 결정되는 것이 아니라, 도덕성과 윤리성으로 곱하는 인생이라 그렇습니다. 오늘도 명성 있는 자들이 도덕성 때문에 무너짐을 보고 있습니다. 부모는 자녀에게 꿈만 심어준다고 되는 것이 아니라, 올바른 (**가치관**)을 심어주어야 합니다. 이에 동의 하시는지요?

질문 06. "OOO님, 인생에서 중요한 것은 (**만남**)의 복입니다. 자녀가 좋은 친구, 좋은 스승, 좋은 배우자를 만나야 합니다. 이에 동의 하십니까?"

질문 07. "OOO님! 제가 말씀드린 꿈과 만남의 복은 미래적인 영역입니다. 그러므로 제가 할 수 있는 일이 아닙니다. 다만 자녀들을 위해 전능하신 하나님께 오늘부터 기도하려고 합니다. 자녀들을 위해 기도할 때 (**이름**)을 불러가면서 기도하고 싶은데, 자녀들의 (**이름**)을 알 수 있을까요?"

:: 전 가족 초청을 위한 질문과 전략(잠24:6)

자녀질문 이 때, 자녀이름에 대해 말하는 걸 싫어하
는 사람은 보지 못했다. 자녀의 이름, 학
년, 특기 등을 물으면서 순차적으로 기록
한 다음에 아래 질문을 던진다.

질문 08. "000님, 가정에서 자녀들을 키우는 사람
이 어머니입니다. 어머니의 역할이 참 중
요하지요. 그래서 사장님의 (**부인 성함**)을
알려주시면, 아내를 위해 기도하겠습니
다. 부인의 성함이 어떻게 되십니까?"

기록하기 부인 이름을 기록하고 나서 아래 질문을
던진다.

질문 09. "000님의 댁 (**주소**)를 알 수 있을까요?
자녀들과 000님의 부부께 필요한 책이나
자료를 보내 드리고 싶습니다."

기록확인 이 때, 주소를 기록하고 전체적인 기록 사
항을 확인한다. 왜냐하면 정확해야 하기
때문이다.

여기까지가 1차 작업이다.

02. 기록이 중요한 이유
➡ 전도는 디테일에서 승부가 난다.

기록을 하면 중복된 질문을 하지 않게 된다. 상대방도 나를 체크하고 있다는 사실을 기억하자. 상대방을 감동시키는 것은 디테일한 부분에서 결정된다.

자녀의 이름을 잘못 부르거나 두 번 이상 반복해서 묻는 순간, 낚시 바늘에 펜 밑감은 사라지고 만다.

이미 예시한 질문의 전략을 통해 상대로부터 얻은 정보를 꼼꼼히 기록한다.

:: 전도는 실천이다

실천 01.

기록한 가족의 이름을 암송한다.

※ 나는 새벽 기도부터 전 가족의 이름을 불러가면서 선
  포기도를 시작한다.

실천 02.

(약속한 기도 내용을 기록한) 편지와 **(부부관계에
도움이 되거나 자녀를 위한)** 책을 우편으로 선물한
다. 최소한 편지만이라도 보내는 게 좋다.

선물과 함께 온 가족에게 편지를 써 보낸다. 편지
를 보낼 때는 아버지, 어머니, 자녀들 이름을 다 기
록해서 보낸다. 모든 가족이 다 보도록 하기 위함
이다. 편지 내용에 반드시 제시한 기도제목 5가지
를 놓고 기도함을 알린다. 자녀의 꿈과 가치관 교
육에 도움이 되는 책을 보낸다. [본문 참조] 일요일엔 뭐
하세요? - '자녀를 위한 기도 5가지'

실천 03.

최소 3회 만남 후부터 **(기도)**를 따라 하도록 시도
한다.

시도 "OOO님, 자녀들이 정말 잘 되는 비결이 있습니다. 제가 선생님을 위해 기도하는 것도 좋지만, 아버지가 기도하면 더 좋습니다. 제 기도를 한 번 따라해 보세요."

참고 이 경우, 대부분의 아버지는 미안해하거나 고마워한다. 남의 아버지는 자기 아들을 위해 새벽마다 기도하고 있는데, 자신은 무얼 하고 있단 말인가? 하는 표정을 지으며 겸연쩍은 표정을 짓는다. 그 때, 편안하게 격려하면서 아래의 예시 기도를 따라하도록 한다.

예시 "하나님, 우리 자녀가 잘 되게 해주세요. 꿈을 주시고 바른 가치관을 심어주시고, 좋은 친구, 좋은 선생님, 좋은 배우자 만나게 해주세요. 아멘"

실천 04.

(교회와 담임목사님)을 소개하면서, 교회에 초청한다. 교회에 초청할 땐 상대방이 가족회의를 해서 (참석할 수 있는 날짜)를 정하는 선택권을 준다.

:: 전도는 기도이다

01. 나를 위한 기도

- 주님! 저에게 OOO님(예비자VIP)을 붙여주시니 감사합니다.

- 주님! 제가 그 영혼을 위해 환경과 감정에 좌우되지 않고 기록하고 집중하면서 그가 주님을 영접할 때까지 낙심하지 않고 다가가도록 도와주옵소서.

- 주님! 제가 그에게 전하는 복음의 도구들(설교CD, 찬양CD, 문자, 통화, 방문)이 감동으로 전달되게 하셔서 오병이어의 기적이 일어나게 하소서.

- 주님! 제 심령에 날마다 성령의 기름 부으심이 충만케 하셔서 저를 통해 그 기름 부으심이 OOO님에게 흘러가게 하소서.

02. 태신자를 위한 기도

- 주님! 그 영혼 (OOO)을 긍휼히 여겨주셔서 영의 눈과 귀를 열어 주사, 복음을 들을 때 주님의 십자가 사랑이 전달되게 하소서.

- 주님! 그의 심령 속에 영생의 갈급함을 주시고, 그의 마음이 하나님께 소망을 두게 하옵시며, 불안과 초조감에 젖어 있는 그 심령에 평안을 주옵소서.

- 주님! 그를 먼저 회복시켜주셔서 그를 통해 온 가족이 구원을 받게 하시고, 그와 그 가족이 이 땅에 사는 동안 하늘의 복을 충만히 누리게 하옵소서.

:: 전도는 기도이다

03. 악한 영을 물리치는 선포기도

(눅10:19), (엡6:12~), (약4:7)

❶ 나를(전도자) 위한 선포기도

주 예수 그리스도의 이름으로 명하노니, (**본
인 000**)을 힘들게 하고 낙심케 하며 죄책감
과 열등감을 주는 어둠의 영과 흑암의 권세
는 내 영과 혼 · 관절 · 골수 · 침상 · 처소
에서 떠나가라! 떠나가라! 떠나가라!

❷ 우리 지역을 향한 선포기도

주 예수 그리스도의 이름으로 명하노니, 우
리 지역 곳곳에 숨어 있는 미혹의 영, 어둠
의 영, 음란의 영, 자살의 영, 불평과 불신의
영, 탐욕의 영, 거짓의 영들은 우리 지역의
모든 주택 · 학교 · 관공서 · 공장 ·상가 ·
예배당에서 떠나가라! 떠나가라! 떠나가라!

❸ 태신자를(VIP) 향한 선포기도

주 예수 그리스도의 이름으로 명하노니, 내가 품고 있는 OOO(태신자)의 영과 혼 · 관절 · 골수와 그 가정의 침상과 사업장을 지배하고 있는 어둠의 영, 미혹의 영, 거짓의 영, 불신의 영, 두려움을 주는 영, 탐욕의 영들은 떠나가라! 떠나가라! 떠나가라!

:: 전도현장에서 쓰이는 핵심 말씀

01. 천지 창조에 대한 선언

태초에 하나님이 천지를 창조하시니라. (창 1:1)

02. 사람이 흙의 소산물을 먹지 않으면 안 되는 근거

여호와 하나님이 땅의 흙으로 사람을 지으시고 생기를 그 코에 불어넣으시니 사람이 생령이 되니라. (창2:7)

03. 우리를 향한 하나님의 소원

여호와는 네게 복을 주시고 너를 지키시기를 원하며 (민6:24) 여호와는 그의 얼굴을 네게 비추사 은혜 베푸시기를 원하며 (민6:25) 여호와는 그 얼굴을 네게로 향하여 드사 평강 주시기를 원하노라 할지니라 하라. (민6:26)

04. 기도를 신중하게 해야 하는 근거

그들에게 이르기를 여호와의 말씀에 내 삶을 두고 맹세하노라 너희 말이 내 귀에 들린 대로 내가 너희에게 행하리니. (민14:28)

05. 우리가 구원을 받고 고침을 받는 근거

그가 찔림은 우리의 허물 때문이요 그가 상함은 우리의 죄악 때문이라 그가 징계를 받으므로 우리는 평화를 누리고 그가 채찍에 맞으므로 우리는 나음을 받았도다 (사 53:5) 우리는 다 양 같아서 그릇 행하여 각기 제 길로 갔거늘 여호와께서는 우리 모두의 죄악을 그에게 담당 시키셨도다. (사53:6)

06. 하나님의 자녀가 되는 방법은 고백이다

영접하는 자 곧 그 이름을 믿는 자들에게는 하나님의 자녀가 되는 권세를 주셨으니 (요 1:12) 이는 혈통으로나 육정으로나 사람의 뜻으로 나지 아니 하고 오직 하나님께로부터 난 자들이니라. (요1:13)

07. 우리를 향한 하나님의 사랑

하나님이 세상을 이처럼 사랑하사 독생자를 주셨으니 이는 그를 믿는 자마다 멸망하지 않고 영생을 얻게 하려 하심이라. (요3:16)

:: 전도현장에서 쓰이는 핵심 말씀

08. 약속을 믿는 자에게 주시는 소망

내가 진실로, 진실로 너희에게 이르노니 내 말을 듣고 또 나 보내신 이를 믿는 자는 영생을 얻었고 심판에 이르지 아니 하나니 사망에서 생명으로 옮겼느니라. (요5:24)

09. 하나님 사랑은 내가 태어나기 전에 완성 되었다.

우리가 아직 죄인 되었을 때에 그리스도께서 우리를 위하여 죽으심으로 하나님께서 우리에 대한 자기의 사랑을 확증하셨느니라. (롬 5:8)

10. 죄책감, 열등감에서 벗어날 수 있는 근거

그러므로 이제 그리스도 예수 안에 있는 자에게는 결코 정죄함이 없나니 (롬8:1) 이는 그리스도 예수 안에 있는 생명의 성령의 법이 죄와 사망의 법에서 너를 해방하였음이라. (롬8:2)

11. 믿음은 최고의 선물이다

너희는 그 은혜에 의하여 믿음으로 말미암아
구원을 받았으니 이것은 너희에게서 난 것이
아니요 하나님의 선물이라. (엡2:8)

12. 하나님의 소원

하나님은 모든 사람이 구원을 받으며 진리를
아는 데에 이르기를 원하시느니라. (딤전2:4)

13. 하나님의 인내

주의 약속은 어떤 이들이 더디다고 생각하는
것 같이 더딘 것이 아니라 오직 주께서는 너
희를 대하여 오래 참으사 아무도 멸망하지 아
니하고 다 회개하기에 이르기를 원하시느니
라. (벧후3:9)

14. 인격적으로 초청하시는 하나님

볼지어다, 내가 문 밖에 서서 두드리노니 누구
든지 내 음성을 듣고 문을 열면 내가 그에게로
들어가 그와 더불어 먹고 그는 나와 더불어 먹
으리라. (계3:20)

27

:: 4영리에서 사용하는 성경 말씀

01. 제1원리

설명 **하나님의 사랑**

"하나님이 세상을 이처럼 사랑하사 독생자(예수 그리스도)를 주셨으니 이는 저를 믿는 자마다 멸망치 않고 영생을 얻게 하려 하심이니라." (요3:16)

설명 **하나님의 계획**

"예수 그리스도께서 말씀하시기를 "내가 온 것은 양(당신)으로 생명을 얻게 하고 더 풍성히 얻게 하려는 것이다." (요10:10)

02. 제2원리

설명 **사람은 죄에 빠져 있습니다.**

"모든 사람이 죄를 범하였으매 하나님의 영광에 이르지 못하더니" (롬3:23)

03. 제3원리

"우리가 아직 죄인이었을 때에 그리스도께서 우리를 위하여 죽으심으로 하나님께서 우리에게 대한 자기의 사랑을 확증하셨느니라." (롬5:8)

"그리스도께서 우리 죄를 위하여 죽으시고 장사 지낸 바 되었다가 성경대로 사흘 만에 다시 살아나사, 게바에게 보이시고 후에 열두 제자에게와 그 후에 오백여 형제에게 일시에 보이셨나니"(고전15:3-6)

설명 **예수 그리스도 만이 하나님께 이르는 유일한 길입니다.**
예수 그리스도께서 말씀하시기를 "내가 곧 길이요 진리요 생명이니 나로 말미암지 않고는 아버지께로 올 자가 없느니라." (요14:6)

04. 제4원리

"영접하는 자 곧 그 이름을 믿는 자들에게는 하나님의 자녀가 되는 권세를 주셨으니" (요1:12)

우리는 믿음으로 예수 그리스도를 영접합니다.
"너희가 그 은혜를 인하여 믿음으로 말미암아 구원을 얻었나니, 이것이 너희에게서 난 것이 아니요 하나님의 선물이라 행위에서 난 것이 아니니 이는 누구든지 자랑치 못하게 함이니라." (엡2:8-9)

step 10

:: 4영리에서 사용하는 성경 말씀

설명 우리는 각자의 초청으로 예수 그리스도를 영접합니다.

예수 그리스도께서 말씀하시기를 "볼지어다 내가 문 밖에 서서 두드리노니 누구든지 내 음성을 듣고 문을 열면 내가 그에게로 들어가 그로 더불어 먹고 그는 나로 더불어 먹으리라." (계3:20)

05. 말씀카드 사용에 따른 TIP
말씀을 설명한 다음 상대방이 읽도록 한다.

그 중에 십분에 일이 아직 남아있을
지라도 이것도 황폐하게 될것이나
밤나무와 상수리나무가 베임을
당하여도 그 그루터기는 남아있을
것같이 거룩한 씨가 이 땅의
그루터기니라 하시더라 (사 6:13)

:: 전도는 증언이다. ➡ 간증문 작성

01. 방법

방법 3분 이내 분량으로 작성한다.

내용 ① 예수 믿기 전의 나

② 예수를 믿게 된 동기

③ 예수 영접 후의 변화 내용

02. 예시 : 신앙 간증문(행전26:9-23)

작성자 OOO

불교 가정에서 태어났다. 20세가 될 때까지 누구한테서도 복음을 전해들은 바가 없고, 교회에 나가자고 권유하는 사람도 없었다. 결혼 후 아내가 가지고 온 설교 테이프를 듣고 아내를 따라 교회에 나갔다. 그러던 나에게 1986년 1월 1일 새해는 잊을 수 없는 날이다.

하나님의 음성을 듣다

처음 나간 새벽기도 시간에 거부 할 수 없는 은혜를 경험했다. 그 즉시 놀라운 일이 일어났다. 좋아하던 술과 고스톱 습관이 그 날로 소멸되었다. 말씀을 통해 주님을 영접하고 믿음 생활이 시작되었다.

놀라운 일이 진행되다

주님을 영접하고 나서 내가 누구인지를 알게 되었다. 예수님이 십자가에서 대속하신 사건이 바로 나를 위한 사랑임을 알았다. 하나님을 더 깊이 알아가고 싶어졌다. 성경이 믿어지고 말씀을 사모하게 되었다. 가치관의 변화와 함께 삶의 모든 영역에서 변화가 일어났다. 자연스레 예수를 전하는 일에 전념하게 되었다.

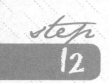

step 12

:: 전도에 유용한 복음의 도구들

01. 자녀를 위한 책

- 왕따가 왕 된 이야기　　－ 천로역정
- 무지개 원리　　　　　　－ 꽃들에게 희망을
- 파인애플 스토리　　　　－ 성경 이야기
- 만화 비전여행　　　　　－ 3D형 인간
- 우동 한 그릇　　　　　　－ 동산고 이야기
- 어린이 성경
- 아들아 머뭇거리기엔 인생이 너무 짧다
- 3일만 볼 수 있다면

※ 자녀들의 학년과 성향을 파악해서 선택적으로
　사용함

02. 남편과 아내를 위한 책

- 지성에서 영성으로   - 우물을 파는 사람
- 빵만으론 살 수 없다   - 쿠션(조신영)
- 중심   - 경청
- 청소부 밥   - 백절불굴 크리스천
- 인생은 바라봄이다   - 희망도시 선포
- 아침키스   - 왜 예수인가
- 잊혀진 질문   - 월간 큐티
- N형 인간(조관일)   - 가치관 혁명(김원태)
- 빙점(미우라 아야꼬)   - 왜 예수인가(조정민)
- 참대화(김해곤) - 결혼 이야기(조현삼)
- 관계의 성공   - 가치관 혁명
- 당신은 하나님의 무한한 가능성이다.(맥스루케이도)

03. CD

그러므로 누구든지
나의 이 말을 듣고 행하는
자는 그 집을 반석위에 지은
지혜로운 사람 같으리니
마태복음 7장 24절

♪ ♫ "내 나이가 어때서" ♪ ♪

야 야 – 야 내나이가 어때–서 개사 : 정재준
전도에 – 나이가 있나–요

마음만 먹으–면 할 수가 있어–요
예수만이 진짜– 내사랑인데–

희망이 생겨–요 내 나이가 어때–서
전도하기 딱 좋은 나인–데

난 이제 알았다 예수 만난 내인–생
따져보니– 대박인 것–을–

아들아, 자부야– 손주야, 친구야–
예수 믿고 춤추며 삽시다 –

난 이제 알았다 예수 만난 내인–생
따져보니– 대박인 것–을–

아들아, 자부야– 손주야, 친구야–
예수 믿고 춤추며 삽시다 –

예수 믿고 춤추며 삽시다 –

나의 VIP가족 기록란

기록한 날	
VIP 이름	
특이사항	
가족사항 · 이름, · 특이사항	
실천사항 확인 · 만남 · 전화 · 편지 · 선물 · 교회 초대일	

일요일엔 뭐 하세요?

예시

기록한 날	2016년 0월 0일
VIP 이름	정○○(공무원, 40대 중반)
특이사항	- 결혼기념일 3.31 - 생일 파악 못했음. - 관심사항: 여행정보 - 취미/운동 　도서수집, 건강관리, 헬스장, 　등산, 탁구 시작함
가족사항 · 이름, · 특이사항	- 배우자 : 이○○(전업주부) - 자녀 　정○○ 　(아들, 초등 5학년, 책읽기 좋아함) 　정○○ 　(딸, 초등 3학년, 예능 소질_피아노)
실천사항 확인 · 만남 · 전화 · 편지 · 선물 · 교회 초대일	- 2016.1.20 　편지 보냄(적합한 책과 함께 보냄) - 2016.2.10 　티타임(선물한 책 내용으로 대화) - 2016.2.20 　책 또는 설교CD 전달 - 2016.3.01 : 문자 보냄. 월간큐티 - 2016.3.20 　식사자리 마련(0월0일 전 가족이 　교회에 나온다는 약속을 정함) - 2016.4.17 　교회 나오기로 연락받음

지극히 높은 곳에서는
하나님께 영광이요
땅에서는 하나님이 기뻐하신
사람들 중에 평화로다 하니라

누가복음 2장 14절

record

메모

•

VIP

이런 사랑을 들어보셨나요?

기록한 날	
VIP 이름	
특이사항	
가족사항 · 이름, · 특이사항	
실천사항 확인 · 만남 · 전화 · 편지 · 선물 · 교회 초대일	

record

기록한 날	
VIP 이름	
특이사항	
가족사항 · 이름, · 특이사항	
실천사항 확인 · 만남 · 전화 · 편지 · 선물 · 교회 초대일	

당신은 당신에게 모든 것을 다 주면서까지 사랑한다는 편지를 받아 보셨나요?

기록한 날	
VIP 이름	
특이사항	
가족사항 · 이름, · 특이사항	
실천사항 확인 · 만남 · 전화 · 편지 · 선물 · 교회 초대일	

record

기록한 날	
VIP 이름	
특이사항	
가족사항 · 이름, · 특이사항	
실천사항 확인 · 만남 · 전화 · 편지 · 선물 · 교회 초대일	

당신은 첫 단추를 잘 꿰었나요?

기록한 날	
VIP 이름	
특이사항	
가족사항 · 이름, · 특이사항	
실천사항 확인 · 만남 · 전화 · 편지 · 선물 · 교회 초대일	

기록한 날	
VIP 이름	
특이사항	
가족사항 · 이름, · 특이사항	
실천사항 확인 · 만남 · 전화 · 편지 · 선물 · 교회 초대일	

어둠을 몰아내기 위해 무엇이 필요할까요?

기록한 날	
VIP 이름	
특이사항	
가족사항 · 이름, · 특이사항	
실천사항 확인 · 만남 · 전화 · 편지 · 선물 · 교회 초대일	

기록한 날	
VIP 이름	
특이사항	
가족사항 · 이름, · 특이사항	
실천사항 확인 · 만남 · 전화 · 편지 · 선물 · 교회 초대일	

가보지 않는 길을 가는 데 있어 중요한 것은 속도일까요? 방향일까요?

기록한 날	
VIP 이름	
특이사항	
가족사항 · 이름, · 특이사항	
실천사항 확인 · 만남 · 전화 · 편지 · 선물 · 교회 　초대일	

record

기록한 날	
VIP 이름	
특이사항	
가족사항 · 이름, · 특이사항	
실천사항 확인 · 만남 · 전화 · 편지 · 선물 · 교회 초대일	

51

인생의 최대문제는 죄와 사망과 삶의 의미라는
말에 동의가 되시는지요?

기록한 날	
VIP 이름	
특이사항	
가족사항 · 이름, · 특이사항	
실천사항 　확인 · 만남 · 전화 · 편지 · 선물 · 교회 　초대일	

record

기록한 날	
VIP 이름	
특이사항	
가족사항 · 이름, · 특이사항	
실천사항 확인 · 만남 · 전화 · 편지 · 선물 · 교회 초대일	

인생은 B(탄생)와 D(죽음) 사이에서
C(선택)의 연속이라는 말을 들어보셨나요?

기록한 날	
VIP 이름	
특이사항	
가족사항 · 이름, · 특이사항	
실천사항 확인 · 만남 · 전화 · 편지 · 선물 · 교회 초대일	

기록한 날	
VIP 이름	
특이사항	
가족사항 · 이름, · 특이사항	
실천사항 확인 · 만남 · 전화 · 편지 · 선물 · 교회 　초대일	

교회마다 왜 저주나 다름없는 십자가를 걸어 놓고 있을까요?

기록한 날	
VIP 이름	
특이사항	
가족사항 · 이름, · 특이사항	
실천사항 확인 · 만남 · 전화 · 편지 · 선물 · 교회 초대일	

record

기록한 날	
VIP 이름	
특이사항	
가족사항 · 이름, · 특이사항	
실천사항 확인 · 만남 · 전화 · 편지 · 선물 · 교회 초대일	

우리는 왜 땅의 소산물을 먹지 않으면 생명을 유지할 수 없을까요?

기록한 날	
VIP 이름	
특이사항	
가족사항 · 이름, · 특이사항	
실천사항 확인 · 만남 · 전화 · 편지 · 선물 · 교회 초대일	

58

record

기록한 날	
VIP 이름	
특이사항	
가족사항 · 이름, · 특이사항	
실천사항 확인 · 만남 · 전화 · 편지 · 선물 · 교회 초대일	

건설업자가 100년의 공사를 하면서
설계도면 없이 공사를 한다면 어찌 될까요?

기록한 날	
VIP 이름	
특이사항	
가족사항 · 이름, · 특이사항	
실천사항 확인 · 만남 · 전화 · 편지 · 선물 · 교회 초대일	

record

기록한 날	
VIP 이름	
특이사항	
가족사항 · 이름, · 특이사항	
실천사항 확인 · 만남 · 전화 · 편지 · 선물 · 교회 초대일	

나는 경험해보고 좋은 것은 반드시 나누어야
직성이 풀리는 사람입니다.

기록한 날	
VIP 이름	
특이사항	
가족사항 · 이름, · 특이사항	
실천사항 확인 · 만남 · 전화 · 편지 · 선물 · 교회 초대일	

기록한 날	
VIP 이름	
특이사항	
가족사항 · 이름, · 특이사항	
실천사항 확인 · 만남 · 전화 · 편지 · 선물 · 교회 초대일	

내가 경험하고 얻은 인생 최고의 보물이
무엇인지 궁금하지 않으세요?

기록한 날	
VIP 이름	
특이사항	
가족사항 · 이름, · 특이사항	
실천사항 확인 · 만남 · 전화 · 편지 · 선물 · 교회 초대일	

record

기록한 날	
VIP 이름	
특이사항	
가족사항 · 이름, · 특이사항	
실천사항 확인 · 만남 · 전화 · 편지 · 선물 · 교회 　초대일	

●○○○씨, 내가 아주 높으신 분을
당신에게 소개해 드리려고 하는데요.

기록한 날	
VIP 이름	
특이사항	
가족사항 · 이름, · 특이사항	
실천사항 확인 · 만남 · 전화 · 편지 · 선물 · 교회 초대일	

record

기록한 날	
VIP 이름	
특이사항	
가족사항 · 이름, · 특이사항	
실천사항 확인 · 만남 · 전화 · 편지 · 선물 · 교회 초대일	

이런 사랑을 들어보셨나요?

기록한 날	
VIP 이름	
특이사항	
가족사항 · 이름, · 특이사항	
실천사항 확인 · 만남 · 전화 · 편지 · 선물 · 교회 초대일	

기록한 날	
VIP 이름	
특이사항	
가족사항 · 이름, · 특이사항	
실천사항 확인 · 만남 · 전화 · 편지 · 선물 · 교회 초대일	

당신은 당신에게 모든 것을 다 주면서까지
사랑한다는 편지를 받아 보셨나요?

기록한 날	
VIP 이름	
특이사항	
가족사항 · 이름, · 특이사항	
실천사항 확인 · 만남 · 전화 · 편지 · 선물 · 교회 초대일	

record

기록한 날	
VIP 이름	
특이사항	
가족사항 · 이름, · 특이사항	
실천사항 확인 · 만남 · 전화 · 편지 · 선물 · 교회 　초대일	

당신은 첫 단추를 잘 꿰었나요?

기록한 날	
VIP 이름	
특이사항	
가족사항 · 이름, · 특이사항	
실천사항 확인 · 만남 · 전화 · 편지 · 선물 · 교회 초대일	

기록한 날	
VIP 이름	
특이사항	
가족사항 · 이름, · 특이사항	
실천사항 확인 · 만남 · 전화 · 편지 · 선물 · 교회 초대일	

어둠을 몰아내기 위해 무엇이 필요할까요?

기록한 날	
VIP 이름	
특이사항	
가족사항 · 이름, · 특이사항	
실천사항 확인 · 만남 · 전화 · 편지 · 선물 · 교회 초대일	

기록한 날	
VIP 이름	
특이사항	
가족사항 · 이름, · 특이사항	
실천사항 확인 · 만남 · 전화 · 편지 · 선물 · 교회 초대일	

가보지 않는 길을 가는 데 있어 중요한 것은
속도일까요? 방향일까요?

기록한 날	
VIP 이름	
특이사항	
가족사항 · 이름, · 특이사항	
실천사항 확인 · 만남 · 전화 · 편지 · 선물 · 교회 초대일	

record

기록한 날	
VIP 이름	
특이사항	
가족사항 · 이름, · 특이사항	
실천사항 확인 · 만남 · 전화 · 편지 · 선물 · 교회 초대일	

인생의 최대문제는 죄와 사망과 삶의 의미라는 말에 동의가 되시는지요?

기록한 날	
VIP 이름	
특이사항	
가족사항 · 이름, · 특이사항	
실천사항 확인 · 만남 · 전화 · 편지 · 선물 · 교회 초대일	

record

기록한 날	
VIP 이름	
특이사항	
가족사항 · 이름, · 특이사항	
실천사항 확인 · 만남 · 전화 · 편지 · 선물 · 교회 초대일	

79

인생은 B(탄생)와 D(죽음) 사이에서
C(선택)의 연속이라는 말을 들어보셨나요?

기록한 날	
VIP 이름	
특이사항	
가족사항 · 이름, · 특이사항	
실천사항 　확인 · 만남 · 전화 · 편지 · 선물 · 교회 　초대일	

기록한 날	
VIP 이름	
특이사항	
가족사항 · 이름, · 특이사항	
실천사항 확인 · 만남 · 전화 · 편지 · 선물 · 교회 초대일	

교회마다 왜 저주나 다름없는 십자가를 걸어 놓고 있을까요?

기록한 날	
VIP 이름	
특이사항	
가족사항 · 이름, · 특이사항	
실천사항 확인 · 만남 · 전화 · 편지 · 선물 · 교회 초대일	

record

기록한 날	
VIP 이름	
특이사항	
가족사항 · 이름, · 특이사항	
실천사항 확인 · 만남 · 전화 · 편지 · 선물 · 교회 초대일	

우리는 왜 땅의 소산물을 먹지 않으면 생명을 유지할 수 없을까요?

기록한 날	
VIP 이름	
특이사항	
가족사항 · 이름, · 특이사항	
실천사항 확인 · 만남 · 전화 · 편지 · 선물 · 교회 초대일	

record

기록한 날	
VIP 이름	
특이사항	
가족사항 · 이름, · 특이사항	
실천사항 확인 · 만남 · 전화 · 편지 · 선물 · 교회 　초대일	

건설업자가 100년의 공사를 하면서
설계도면 없이 공사를 한다면 어찌 될까요?

기록한 날	
VIP 이름	
특이사항	
가족사항 · 이름, · 특이사항	
실천사항 확인 · 만남 · 전화 · 편지 · 선물 · 교회 초대일	

record

기록한 날	
VIP 이름	
특이사항	
가족사항 · 이름, · 특이사항	
실천사항 확인 · 만남 · 전화 · 편지 · 선물 · 교회 　초대일	

나는 경험해보고 좋은 것은 반드시 나누어야
직성이 풀리는 사람입니다.

기록한 날	
VIP 이름	
특이사항	
가족사항 · 이름, · 특이사항	
실천사항 확인 · 만남 · 전화 · 편지 · 선물 · 교회 　초대일	

기록한 날	
VIP 이름	
특이사항	
가족사항 · 이름, · 특이사항	
실천사항 확인 · 만남 · 전화 · 편지 · 선물 · 교회 초대일	

내가 경험하고 얻은 인생 최고의 보물이 무엇인지 궁금하지 않으세요?

기록한 날	
VIP 이름	
특이사항	
가족사항 · 이름, · 특이사항	
실천사항 확인 · 만남 · 전화 · 편지 · 선물 · 교회 초대일	

record

기록한 날	
VIP 이름	
특이사항	
가족사항 · 이름, · 특이사항	
실천사항 확인 · 만남 · 전화 · 편지 · 선물 · 교회 초대일	

○○○씨, 내가 아주 높으신 분을
당신에게 소개해 드리려고 하는데요.

기록한 날	
VIP 이름	
특이사항	
가족사항 · 이름, · 특이사항	
실천사항 확인 · 만남 · 전화 · 편지 · 선물 · 교회 초대일	

record

기록한 날	
VIP 이름	
특이사항	
가족사항 · 이름, · 특이사항	
실천사항 확인 · 만남 · 전화 · 편지 · 선물 · 교회 초대일	

이런 사랑을 들어보셨나요?

기록한 날	
VIP 이름	
특이사항	
가족사항 · 이름, · 특이사항	
실천사항 확인 · 만남 · 전화 · 편지 · 선물 · 교회 　초대일	

record

기록한 날	
VIP 이름	
특이사항	
가족사항 · 이름, · 특이사항	
실천사항 확인 · 만남 · 전화 · 편지 · 선물 · 교회 　초대일	

당신은 당신에게 모든 것을 다 주면서까지 사랑한다는 편지를 받아 보셨나요?

기록한 날	
VIP 이름	
특이사항	
가족사항 · 이름, · 특이사항	
실천사항 확인 · 만남 · 전화 · 편지 · 선물 · 교회 초대일	

기록한 날	
VIP 이름	
특이사항	
가족사항 · 이름, · 특이사항	
실천사항 확인 · 만남 · 전화 · 편지 · 선물 · 교회 초대일	

memo

memo

memo

memo

memo

memo

memo

memo

memo

memo

나의 평생
VIP수첩

초 판 발 행 일 | 2016년 3월 3일

지　은　이 | 정재준
펴　낸　이 | 배수현
디　자　인 | 박수정
일 러 스 트 | 조미숙
제　　　작 | 송재호

펴　낸　곳 | 가나북스 www.gnbooks.co.kr
출 판 등 록 | 제393-2009-000012호
전　　　화 | 031) 408-8811(代)
팩　　　스 | 031) 501-8811

※ **저자와의 소통 및 문의** : jjj9484@hanmail.net